第 1 章

北歐神話的世界觀

北歐神話的定義

北歐神話經常為小說、遊戲與漫畫的取作題材，然而實際的北歐神話究竟是何種樣貌呢？

● 北歐孕育生成的諸神祇

　　北歐神話正如其字面所示，指的是流傳於北歐的一系列神話故事。儘管往往容易跟擁有相同起源的日耳曼神話混淆不清，不過這些北歐地區所留下來的神話故事，都鮮明地反映出北歐文化的色彩，所以應將兩者區別視之。

　　隨著西元四世紀前後基督教宣揚傳播開始，許多日耳曼文化圈特有的神話也跟著漸漸失落，眾神僅得以精靈妖怪之流的形態在傳說故事中留下身影，其榮耀悉數遭到基督教眾聖人以及騎士傳說的主人公所佔。因為這個緣故，整個日耳曼文化圈的相關神話資料，如今已經幾乎可以說是完全散佚。

　　而北歐神話在這樣的大環境之下得以保存至今，有位詩人的出現可謂極為關鍵，此人便是十三世紀的冰島詩人**史諾里‧史特盧森**。他編纂當時已經成為詩歌寫作基礎知識的神話、民間傳說、古詩之類，寫成了詩歌的入門書籍《愛達》。

　　其次，十七世紀的北歐對古代北歐文學關注頗甚，從而蒐集了大量的古抄本，這也是件相當幸運的事。當時從這些古抄本裡面發現了一本《王室抄本》，其中收錄許多推測是史諾里曾經引用過的古詩。由於當時認為《王室抄本》是史諾里著作參考的原著，於是比照史諾里的著作替它冠上了《愛達》的名稱，以致今日通常都把另行增補數首古詩的《王室抄本》稱作《詩歌愛達》，史諾里所著則稱為《史諾里愛達》。現今所知的北歐神話，便是以這兩部《愛達》的內容為中心。不過，學界亦有研究者認為《愛達》的內容全屬後世的編造創作，而將這些神話稱為「愛達神話」。

北歐神話的定位

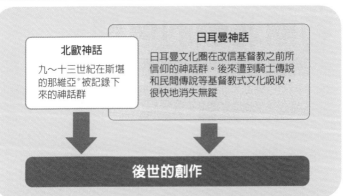

北歐神話

九～十三世紀在斯堪的那維亞*被記錄下來的神話群

日耳曼神話

日耳曼文化圈在改信基督教之前所信仰的神話群。後來遭到騎士傳說和民間傳說等基督教式文化吸收，很快地消失無蹤

後世的創作

北歐神話之構成要素

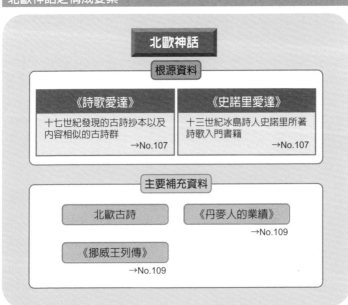

北歐神話

根源資料

《詩歌愛達》

十七世紀發現的古詩抄本以及內容相似的古詩群

→No.107

《史諾里愛達》

十三世紀冰島詩人史諾里所著詩歌入門書籍

→No.107

主要補充資料

北歐古詩

《丹麥人的業績》

→No.109

《挪威王列傳》

→No.109

* 斯堪的那維亞（Scandinavia）：北歐的一部分，通常包括斯堪的那維亞半島的挪威、瑞典和丹麥三個國家。

關聯項目

◆史諾里・史特盧森→No.110　　　◆傳承北歐神話的主要資料①→No.107

No.002

初期北歐的信仰

原始宗教對敬畏的大自然呈獻祭品以尋求庇佑守護，而初期北歐的信仰同樣始於這種血腥的祭祀儀式。

●古代的信仰

　　描述北歐等地日耳曼民族信仰生活的最古老文字記載，當屬羅馬人塔西圖斯[1]於西元一百年前後所著的《日耳曼尼亞誌》。根據該書所示，當時的日耳曼民族曾經信仰默邱里、馬爾茲和赫拉克勒斯[2]三位神明。羅馬人記錄時習慣將內容置換成自己週遭的事物，因此我們現在可以推想前述三位神明指的應該就是主神**奧丁**、戰神**提爾**和雷神**索爾**。

　　當中最受信仰的神便是奧丁，相傳每逢祭祀日都要以活人獻祭。事實上，以丹麥為首的北歐諸國亦曾在被視為古代聖地的沼澤地，發現了許多遭殺害的死者遺體，證實了這項活人獻祭的說法。至於另外兩位神明，古代北歐民族也會選擇適當的獸類作為牲品祭祀，據說在更古老的時代還有位被視同於提爾、名叫圖伊斯柯的神明，被奉為人類始祖信仰崇拜。儘管《日耳曼尼亞誌》記載從前並沒有用來祭祀這些諸神的神像或神殿存在，但實際上北歐似乎的確發現過幾尊小型的神像。

　　除前述三位神明以外，《日耳曼尼亞誌》也提到某位名叫伊西斯或稱內爾瑟斯的女神。內爾瑟斯是受到當時北歐地區七個部族信仰的豐饒女神，因為名字相似，所以往往會與華納神族的**尼爾德**牽連在一起。內爾瑟斯的祭祀每年春天舉行，信眾會用車隊載著神像從內爾瑟斯的聖地小島出發巡迴各地。尼爾德之子豐饒神**福瑞**也是採取同樣的祭祀方法，而這點可說恰恰彰顯出內爾瑟斯與華納神族的關係匪淺。

---

[1] 塔西圖斯（Tacitus）：亦譯塔西佗。羅馬帝國高級官員，以歷史著作名垂千古。最主要的著作是《歷史》、《編年史》，從公元14年奧古斯都去世起比略繼位，一直寫到96年圖密善逝世。

[2] 默邱里（Mercurius）：羅馬神話中的買賣之神，等同於希臘神話中的赫密斯；馬爾茲（Mars）：戰神，相當於希臘神話裡的阿利茲。別名葛拉第烏斯（意爲「進軍者」），這個名字來自羅馬士兵制式裝備中的一把短劍。英語中的三月（March）也來自他的名字；赫拉克勒斯（Heracles）：赫拉克勒斯是希臘神話最偉大的英雄，名字的原意是「赫拉的光榮」，但是事實上赫拉卻不斷地迫害赫拉克勒斯，因爲他是宙斯的私生子。

《日耳曼尼亞誌》所記載的初期信仰

> **《日耳曼尼亞誌》**
> 一世紀羅馬史學家塔西圖斯著作的日耳曼民族文化史，當中所記載的諸神神名乃按照羅馬人慣例，被置換成羅馬神祇的名字

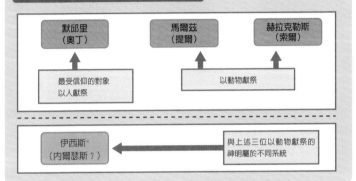

一世紀前後日耳曼文化圈信仰的諸神

| 默邱里
（奧丁） | 馬爾茲
（提爾） | 赫拉克勒斯
（索爾） |

最受信仰的對象
以人獻祭　　　以動物獻祭

伊西斯*
（內爾瑟斯？）　←　與上述三位以動物獻祭的神明屬於不同系統

內爾瑟斯諸部族的特殊信仰

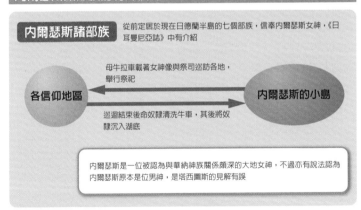

內爾瑟斯諸部族　從前定居於現在日德蘭半島的七個部族，信奉內爾瑟斯女神，《日耳曼尼亞誌》中有介紹

母牛拉車載著女神像與祭司巡訪各地，舉行祭祀

各信仰地區　←　　　**內爾瑟斯的小島**

巡迴結束後命奴隸清洗牛車，其後將奴隸沉入湖底

> 內爾瑟斯是一位被認為與華納神族關係頗深的大地女神，不過亦有說法認為內爾瑟斯原本是位男神，是塔西圖斯的見解有誤

＊伊西斯（Isis）：埃及的大地母神，其名原是「椅子」之意；內爾瑟斯（Nerthus）：古日耳曼女神，塔西圖斯的《日耳曼尼亞誌》將她當作大地母神，稱她受七個部落崇拜（包括日後入侵英格蘭的盎格魯族）。

關聯項目

◆奧丁→No.017　　　　　◆尼爾德→No.041
◆索爾→No.023　　　　　◆福瑞→No.042
◆提爾→No.025

異教信仰與基督教的傳入

諸神曾經活在北歐民族的日常生活之中，最終卻隨著基督教的到來而消失。

●異教信仰與諸神的凋零

　　想要認識異教時代（改信基督教以前的時代）的北歐信仰，就只能從其他文化圈的記錄，或者後世冰島的薩迦文學來推敲而已，因爲現在已經幾乎全無當時北歐民族的文字記錄得以留存參考，而在這些資料當中，就屬十一世紀不來梅的祭司亞當[*1]寫的《漢堡大主教史》特別重要。

　　根據《漢堡大主教史》（Gesta Hammaburgensis ecclesiae pontificum）與薩迦的記載，當時信仰崇拜的有主神**奧丁**、雷神**索爾**和豐饒**神福瑞**三位神明。冬季的開頭與結尾、收割時節等節日都有祭祀，一年之始冬至舉行的猶爾[*2]大祭更是非常重要的祭典。這些祭典與先前的時代同樣都有獻祭的儀式，相傳人們會用活祭品的鮮血洗淨神殿、向諸神獻酒，然後將祭品分而食之，當時的信仰中心便是瑞典的烏普薩拉。依傍著大樹與水源地建造的神殿會視不同場合祭拜不同神明，戰爭時向奧丁獻禱、疫病饑饉發生時向索爾獻禱，結婚的時候則是要向福瑞祈禱。

　　基督教約從九世紀中葉起緩緩將勢力擴展至北歐。當時北歐對西歐的文化與經濟很感興趣，於是開始改信基督教，藉以吸收西歐文化。除此以外，哈拉爾碧齒王、奧拉夫・特里格瓦松等王侯爲強化權力而強制領民改信基督教，同樣也加速了基督教的浸透傳播，於是北歐世界遂以十世紀爲分水嶺，逐漸朝向基督教世界進行轉變，結果使得異教諸神衹慢慢凋零，最終只能寄身於傳說與藝術作品之中。

[*1] 不來梅的祭司亞當（Adam of Bremen）：德意志歷史學家。1069年任不來梅教會學校校長。1072年開始寫《漢堡—不來梅大主教史》。

[*2] 猶爾（Yule）：乃指古代歐洲（日耳曼民族）於冬至時節舉行的祭祀。後與基督教融合，英語遂有Yuletide（耶誕季節）的說法，而耶誕節也稱作Yule（現已成古語無人使用）。北歐諸國現在依舊稱耶誕爲猶爾，耶誕的說法反而並不通用。

異教時代北歐的信仰情形

《漢堡大主教史》

十一世紀不來梅祭司亞當所做的記錄。第四卷對北歐的信仰有詳細記述，不過後半部也有犬面人之類不足以採信的部分

《漢堡大主教史》等文獻記載的信仰

奧丁	福瑞	索爾
戰爭之神。戰爭之際獻活祭	將和平與快樂賜予眾人的神明。結婚之際獻活祭	天候之神。疫病饑饉之際獻活祭

當時舉行的儀式

- ●獻祭牲品（將人類、動物絞殺吊掛於神聖的樹木上，丟進神聖的沼澤裡）
- ●揮灑牲品的鮮血、為神殿進行聖別[*1]
- ●祈求豐收的猥俗歌舞劇

冬季的開頭與結尾、收割時節等都有祭祀，一年之始冬至舉行的猶爾大祭更是特別重要，猶爾大祭又以耶誕節的形式留存至今

基督教的傳入與北歐諸神的衰退

826年	使徒安斯加爾（Ansgar）開始在北歐傳道
945年～1000年	善王哈康[*2]等人使基督教在挪威紮根
960年前後	丹麥的哈拉爾碧齒王改宗 丹麥成為基督教國家
1000年	冰島、格陵蘭改信基督教
1100年以後	瑞典的都市地區開始接納基督教

- ●當權者為擴張權力、從事貿易而改宗
- ●巧妙利用當地的信仰宣揚傳佈基督教

信仰衰退

徒具形式

甚至妖怪化、妖精化

[*1] 聖別：為某些神聖用途，藉由儀式來潔淨人或物，以與普通世俗的用途區別。

[*2] 善王哈康（Haákon the Good）：即挪威的哈康一世（Haakon I Adalsteinsfostre of Norway），挪威的第三位國王，是首任國王哈拉爾一世的么子。

關聯項目

◆奧丁→No.017　　　◆福瑞→No.042　　　◆索爾→No.023

世界的創造

寒與熱渾然交雜的不毛世界裡孕生了一名巨人，而豪放悲壯的北歐神話，便是從這名巨人的誕生揭開序幕。

● 原初巨人的誕生

　　早在遠比諸神存在的時代更加遙遠的往昔，當時的宇宙僅有名喚金倫加鴻溝的深淵、灼熱世界**穆斯佩海姆**與極寒世界**尼弗海姆**存在而已。後來熱風消融了霜雪，從中誕生出兩個生命，便是原初巨人**伊米爾**以及母牛奧德姆拉，伊米爾吃奧德姆拉的奶水維生，從而衍生出世稱「霜之巨人」的種族。另一方面，奧德姆拉則是舐食帶有鹽味的霜塊藉以維繫生命，從牠所舐舐的冰霜裡面又生出一名喚作布利的男子，其後布利生兒子包爾，包爾又與霜之巨人的女兒貝絲特拉（Bestla）生下主神**奧丁**等三位神明。奧丁等眾神對霜之巨人甚是厭惡，於是便襲擊原初巨人伊米爾並將其殺害；伊米爾體內湧出的鮮血化作洪水，使得霜之巨人慘遭洪流席捲、幾近滅絕，倖存下來的巨人們也因為眾神如此蠻橫行徑，從此對他們深惡痛絕。

● 世界的創造

　　奧丁等眾神使用被殺死的伊米爾屍體來創造世界。他們用伊米爾的血填滿金倫加鴻溝，用伊米爾的肉造成大地浮放其上，然後又用毛髮、骨頭和腦創造出樹木、岩石和浮雲點綴大地，接著再用頭蓋骨創造出天空，用穆斯佩海姆的火花創造出太陽月亮和星辰，放在天空中。然後，眾神又從海邊撿拾的漂流木裡面生出一對名叫阿斯克爾與埃姆布拉*的人類男女。他們用伊米爾的睫毛劃分大地，創造出人類的世界米德加爾德以及巨人的世界**喬登海姆**。最後奧丁眾神在世界的中央築起一座要塞，而這座要塞正是諸神的世界**阿薩神域**。

---

* 阿斯克爾與埃姆布拉（Askr and Embla）：古斯堪的那維亞神話裡的第一個男人和第一個女人，人類的始祖。他們是奧丁、威利和菲（有些資料則說是奧丁、海尼爾和洛德）創造出來的，阿斯克爾和埃姆布拉從每位創造神手中接受一份禮物，奧丁給他們呼吸與生命，威利給他們理解力，菲則給了他們感官和外貌。

諸神的誕生

原初巨人伊米爾、母牛奧德姆拉誕生

⬇

從伊米爾衍生出世稱霜之巨人的種族

⬇

從奧德姆拉舔舐的冰霜裡生出一名叫作布利的男子

⬇

布利之子包爾與霜之巨人的女兒生下三位神明

⬇

包爾之子奧丁眾神將伊米爾殺害

世界的創造

奧丁等眾神利用伊米爾的身體創造世界

⬇

創造太陽與月亮，開始有固定的季節

⬇

從漂流木裡生出人類男女

⬇

於喬登海姆與米德加爾德的邊境架設柵欄

⬇

諸神的世界阿薩神域宣告完成

關聯項目

◆ 阿薩神域→No.010　　　　　◆ 穆斯佩海姆→No.013
◆ 喬登海姆→No.011　　　　　◆ 奧丁→No.017
◆ 尼弗海姆與尼芙海爾→No.012　◆ 伊米爾→No.046

華納戰爭與阿薩神域的城牆

諸神的黃金時代隨著三位巨人之女的出現而消逝，而邪惡也在同時緩緩侵蝕著他們。

● 華納戰爭

早在阿薩神域初建時，**阿薩神族**身邊多的是豐富的黃金圍繞四周，而他們也對這種生活甚感滿足。可是，自從三位巨人之女與魔女古爾維格＊進入阿薩神域以來，阿薩神域就逐漸朝向邪惡蔓延的深淵沉淪。相傳阿薩神族雖然試圖要消滅古爾維格，但是她卻三度復活、慢慢侵蝕諸神的心志。

阿薩神族便是這般開始沉迷於對黃金的欲望，遂有後來與**華納神族**的戰爭發生。神域的城牆因為戰事延宕多時而遭破壞，心疲力竭的諸神最後用交換人質方式替這場戰爭劃下了句點。

● 阿薩神域的城牆

當阿薩神域城牆遭到破壞、諸神正不知如何是好時，忽然有位鐵匠牽著匹母馬來到，表示願意以女神**菲依雅**、太陽和月亮為報酬替諸神建造一座堅固的城寨。阿薩神域的防衛樞紐雷神**索爾**，此時卻正好在往赴東方與**巨人族**作戰的征途之中。當時惡神**洛奇**力主「若有萬一可再憑狡智誆騙之」，諸神才以半年為限，接受了鐵匠的要求。誰知道鐵匠的工作速度卻因為有母馬的幫助而快得驚人，諸神感覺事態不妙，遂要求洛奇負起責任。

於是洛奇便變成公馬誘惑母馬，企圖妨礙鐵匠的工作。鐵匠發現被騙以後，恢復巨人真面目向諸神殺去，最後卻被恰巧返回的索爾殺死。阿薩神域因此得到了一道堅固的城牆，可是諸神卻也從此背負違反契約的罪名。

＊ 古爾維格（Gullveig）：古爾維格是北歐神話中的魔女。她的名字大多被翻譯成「黃金戰爭」，一般認為她是具有黃金能讓人墮落之特性的化身。

華納戰爭

邪惡因為魔女古爾維格而在阿薩神域蔓延開來

↓

阿薩神族試圖殺死古爾維格，卻以失敗告終

↓

因為諸多理由而與華納神族爆發衝突

↓

以交換人質方式達成和解

↓

華納神族殺害人質密米爾、將首級送還

阿薩神域的城牆

諸神與鐵匠訂下修復城牆的契約

↓

因為鐵匠及其愛馬的活躍，城牆的修築工作幾近完成

↓

洛奇變成公馬妨礙修築作業

↓

因諸神耍詐而發怒的巨人（鐵匠）反遭索爾殺死

↓

諸神從此背負違反契約之罪名

關聯項目

◆ 阿薩神族 →No.016
◆ 索爾 →No.023
◆ 華納神族 →No.040
◆ 菲依雅 →No.044
◆ 巨人族 →No.045
◆ 洛奇 →No.057

奧丁之旅

奧丁之旅乃為加深知識，好替將來與巨人的戰役作準備而展開旅程，然而知識卻只帶給他更多的不安，又使其更加渴求知識。

● 正因為賢明睿智所以感到不安

阿薩神域建造完成以後，主神**奧丁**便經常前往世界各地旅行、尋求知識。奧丁對知識的渴望可說是異常貪婪，甚至到了不惜傷害自己身體的程度。他曾經只為喝一口知識泉水而將一隻眼睛交給把守泉水的巨人密米爾，另外還曾經為了要掌握**魯納文字**的奧義而用長槍刺穿自己的身體、在世界樹伊格德拉西爾上吊九天。除此以外，相傳奧丁太過沉迷於旅行，使他無暇顧及阿薩神域，甚至連國家和妻子福麗嘉都曾經一度遭到兄弟威利和菲搶奪佔據。

與**巨人族**的衝突磨擦固然也是原因之一，可是奧丁貪婪追求知識的原本目的，僅是出自於單純的求知欲而已。然則，當知道得愈多，甚至得知諸神將會滅亡的預言以後，他對知識的執著便從此日漸強烈；面對即將滅亡的不安不斷地侵蝕著他的內心，於是他開始派遣大鴉鳥胡金與穆寧前往全世界蒐集情報，自己則坐在能夠看見全世界的寶座上，監視世界的動靜。即便他把當初認定將會危害諸神的惡神**洛奇**的三個孩子驅逐，即便洛奇帶來了形形色色的寶物，也都無法使他的心得到平靜。

當雷神索爾默默地日夜與巨人族作戰之時，奧丁卻依然為了尋求更深的知識而繼續旅行。除此以外，奧丁為募集勇敢的戰死者**英靈戰士**作為將來面臨終末戰役諸神黃昏的戰力，也在人類世界裡埋下了許多紛爭與不和。奧丁的行為在其子**巴多**死後更是變本加厲，他為求得知識不僅籠絡巨人族之女，更不惜玷污女性以達到目的。此時的奧丁根本無法自覺，其實世界正是因為他的所作所為，而更加趨近於毀滅。

奧丁之旅（巴多死前）

尋求知識

犧牲一隻眼睛換取一口智慧泉水

斷食上吊，九天後發明魯納文字

流浪各地

旅行穿梭於巨人之間，得到許多知識以及魔法道具

殺害弗列茲瑪之子歐特，以黃金賠償

↓

從尼芙海爾的巫女口中得到巴多將會死亡的預言

奧丁之旅（巴多死後）

為了替巴多報仇而生下瓦力＊

↓

與巨人瓦夫特魯德尼鬥智

↓

籠絡巨人族之女耿雷姿、得到詩蜜酒

↓

在人類世界裡暗地活動，募集英靈戰士

＊ 瓦力（Váli）：奧丁和洛奇分別都有個名叫瓦力的兒子。

關聯項目

◆奧丁→No.017　　　　◆巨人族→No.045
◆英靈戰士→No.020　　◆洛奇→No.057
◆巴多→No.026　　　　◆魯納文字→No.073

巴多之死與洛奇受縛

惡神洛奇雖然身為巨人，卻以奧丁表兄弟的身份位列諸神之列，他的存在為諸神帶來莫大的災厄。

●巴多之死

主神**奧丁**之子**巴多**是位非常優秀、廣受眾人喜愛的神明。有次巴多做了個夢，而奧丁對巴多的夢境感到很不安，於是便悄悄前往冥界向已經亡故的巫女尋求預言，當時奧丁被告知的，便是兒子巴多之死。巴多的母親**福麗嘉**聽說此事以後，便與世間萬物訂下了不可傷害巴多的契約，唯獨槲寄生的幼枝除外。惡神**洛奇**覺得很不是滋味，於是便變身成女人接近福麗嘉，探聽出巴多的弱點。

此時恰逢諸神正在玩拿東西丟巴多的遊戲，洛奇便趁此良機讓盲眼的神明霍獨爾拿槲寄生幼枝擲向巴多，結果巴多因此而亡。諸神雖曾派遣使者去見死者之國的女王**海爾**，希望能救回巴多，卻還是在洛奇的阻撓下化作泡影。

巴多的葬禮非常盛大，甚至連諸神的死敵巨人族都派遣使者前來參加，最後巴多就與其無法承受打擊而隨後跟著過世的妻子楠娜*，連同大批財寶以船隻火葬放流。

●洛奇受縛

其後洛奇仍舊在諸神之中待了好一陣子，有次他在海神**阿戈爾**舉辦的宴會裡面批判責難諸神，接著便躲了起來。奧丁至此終於再也無法忍受，遂命諸神找出洛奇的藏身處，並且擒住其子瓦力和納里（Nari）。

諸神先是把瓦力**變**成狼、讓他咬死納里，然後又用納里的腸子製成鎖鍊綑住洛奇，用毒蛇毒液滴在他臉上施以折磨，從此洛奇就長期被囚禁地底，直到世界末日來臨為止。

---

* 楠娜（Nanna）：神話中稱呼楠娜為「轟普女兒」，但是卻從未交待轟普的性別和他究竟屬於哪個神族。我們只知道楠娜和丈夫巴多相戀，後來生下了正義之神凡賽堤。

巴多之死

諸神對巴多不祥的夢境感到不安

↓

因為母親福麗嘉的奔走努力，巴多幾乎成為不死身

↓

洛奇很是不滿，探聽出巴多的弱點

↓

洛奇騙霍獨爾殺害巴多

↓

諸神試圖使巴多復活，卻因洛奇阻撓而失敗

↓

巴多的葬禮盛大舉行，霍獨爾被殺

洛奇受縛

洛奇於阿戈爾的宴會與諸神決裂

↓

奧丁發現洛奇出奔逃亡、派遣諸神捉拿

↓

洛奇逃亡失敗被捕

↓

洛奇身受拷打折磨、囚禁地底

關聯項目

◆奧丁→No.017
◆巴多→No.026
◆福麗嘉→No.033

◆阿戈爾→No.056
◆洛奇→No.057
◆海爾→No.060

諸神黃昏與世界再生

諸神黃昏堪稱是北歐神話的最終篇章。不住蓄積的軋轢和扭曲終於招來衝突與末日，世界亦逐漸為烈焰所吞噬。

● 諸神黃昏

自從**巴多**死後，世界毀滅便開始驟然加速。首先是**奧丁**的祕密活動引起許多戰亂，對人類世界造成了無法挽回的創傷。就連太陽和月亮的駕駛者**娑爾與馬尼**都遭狼群吞噬，使地面世界遭逢到前所未有的天地變異。

巨人們見這場混亂有機可趁，遂聯同**穆斯佩**和尼芙海爾的死者們向諸神展開攻擊。兩軍在一個叫作維格利德的戰場正面交鋒，然後一個接著一個倒了下來。奧丁遭巨狼**芬里爾**吞噬，而芬里爾又被維達打倒；雷神索爾和約爾孟甘德、戰神提爾和加爾姆、諸神的看門人海姆德爾和惡神洛奇，都分別同歸於盡。豐饒神福瑞敗給了穆斯佩之長蘇爾特，大地也被蘇爾特釋放的火炎燃燒殆盡，最終沉入海底。

● 世界再生

然而世間萬物卻並未就此滅絕，燒得精光沉進海底的大地，後來又再度浮出了海面。相傳那時的大地豐富而肥沃，到處盡是綠意盎然，即便不播種也能結出穀物，天空裡則由太陽馬車的駕駛者娑爾留下來的獨生女繼承母職，繼續照耀大地。至於人類則是以藏身於霍德密米爾森林（Hoddmimir's Holt）的男女為始祖，再度在大地發展繁衍。他們重新打造的新世界裡再無任何擔憂、痛苦或邪惡，唯有喜樂與純潔。

於是北歐神話的故事，終於就在先前戰役倖存下來的眾神，以及因為沒有犯罪而得以從冥界返回的巴多、霍獨爾等諸神會合後一同回到阿薩神域舊址緬懷過去的這一幕，而劃下了句點。

諸神黃昏

發生天地變異，人類世界開始荒廢

↓

公雞報時，巨人、穆斯佩與死者們展開攻勢

↓

海姆德爾發出信號，諸神開始準備戰鬥

↓

兩軍於維格利德原野正面交鋒

↓

大地被穆斯佩之長蘇爾特燃燒殆盡、沉入海底

世界再生

沉入海底的大地再度浮現

↓

太陽馬車駕駛者之女代替母親照耀大地

↓

倖存的人類再度展開活動

↓

倖存的諸神與復活的諸神會合

↓

諸神於阿薩神域舊址緬懷過去

關聯項目

◆奧丁→No.017　　　　◆婆爾與馬尼、達格與諾特→No.039
◆巴多→No.026　　　　◆穆斯佩→No.065

北歐神話的宇宙觀

北歐神話的宇宙是由各有不同種族居住的九個世界所構成。

● 諸神與巨人居住的世界

根據《詩歌愛達》的〈女先知的預言〉等文獻記載，北歐的宇宙是由九個世界和一株世界樹所構成。

九個世界當中位置最北的是極寒世界**尼弗海姆**，其地底則是死者女王海爾的領地**尼芙海爾**（海爾）。位在最南方的是灼熱國度**穆斯佩海姆**，終末戰役諸神黃昏當中與諸神衝突的穆斯佩便住在此地。這兩個世界中央有片深海，諸神以原初巨人伊米爾的身體創造出來的大地便是位於此海域。諸神將這片大地劃分成三個區塊：建於大地中央的城寨是阿薩神族居住的世界**阿薩神域**，外側是以彩虹橋比夫羅斯特連接至人類居住的世界米德加爾德；米德加爾德的外圍又有道用伊米爾睫毛製成的柵欄，圍欄外或曰北側、或曰東側的海岸線上，則是有巨人居住的世界**喬登海姆**坐落於該地。除此以外還有華納神族居住的華納海姆、流斯愛爾芙（白妖精）住的愛爾芙海姆、鐸克愛爾芙（黑妖精）住的史瓦爾德愛爾芙海姆等世界存在，但《詩歌愛達》和《史諾里愛達》並無更進一步的詳細記載。

另外還有棵樹蔭涵蓋籠罩前述九個世界、樹根盤互及於世界各地的世界樹**伊格德拉西爾**，另有一說認為，世界其實就是憑著世界樹支撐起來的。這些世界的上方還有好幾層用伊米爾頭蓋骨做成的天空，東西南北的盡頭各有一位、總共四名侏儒負責頂著天空。天空中載運太陽與月亮的馬車無時無刻在後方狼群的追逐驅趕之下疾駛過天際。天空北方還有變身成鷲鷹模樣的巨人赫拉斯瓦爾格爾，他只要拍打翅膀就會變成風，在全世界吹送。

北歐神話的世界結構圖

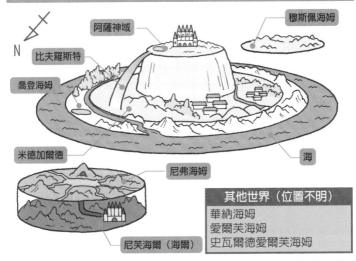

阿薩神域

穆斯佩海姆

比夫羅斯特

喬登海姆

米德加爾德

尼弗海姆

海

其他世界（位置不明）

華納海姆
愛爾芙海姆
史瓦爾德愛爾芙海姆

尼芙海爾（海爾）

北歐神話的宇宙觀

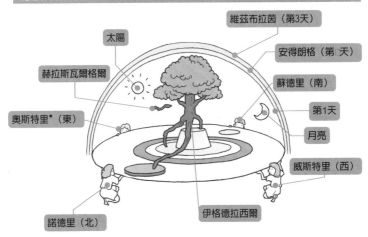

維茲布拉茵（第3天）

太陽

安得朗格（第□天）

赫拉斯瓦爾格爾

蘇德里（南）

奧斯特里*（東）

第1天

月亮

威斯特里（西）

諾德里（北）

伊格德拉西爾

* 奧斯特里：四個方位的原文分別是東方奧斯特里（Austri）、西方威斯特里（Vestri）、南方蘇德里（Suðri）、北方諾德里（Norðri）。

關聯項目

◆阿薩神域→No.010　　　　　◆穆斯佩海姆→No.013
◆喬登海姆→No.011　　　　　◆伊格德拉西爾→No.015
◆尼弗海姆與尼芙海爾→No.012　◆其他世界→No.014

阿薩神域

Ásgarðr

阿薩神域是北歐諸神居住的世界，那是個閃耀著金黃色光芒的耀眼世界。

● 諸神居住的壯麗世界

阿薩神域是**阿薩神族**居住的世界。《史諾里愛達》的〈欺騙吉魯菲〉稱「特洛伊」這個地方位於人類居住的大地中央，據說天上和地上發生的許多事情都是在此地裁決。阿薩神域是座牆高壁堅的城寨，乃是從前諸神誆騙巨人族的鐵匠所建。關於阿薩神域究竟是在天上還是在地上並無明確答案，只能任憑眾人自由想像。我們只知道，欲從其他世界進入阿薩神域，勢必要途經彩虹橋比夫羅斯特，否則就只能騰空飛行而入。

阿薩神域中央有名為艾達華爾的廣場，其中有座供眾男神聚會的黃金神殿格拉茲海姆，殿內備有**奧丁**和其他諸神的寶座總共十二個。另一方面，女神們集會的神殿則是名為梵格爾夫，據說同樣也是非常美麗的建築物。諸神在阿薩神域初建時便擁有許多黃金，因此阿薩神域的房屋家具全部都是用黃金打造而成。

除此以外，阿薩神域尚有奧丁的英靈殿和其他諸神的房屋館邸坐落。其中英靈殿更是特別重要的建築物，奧丁與菲依雅將所有戰死者分配完以後，屬於奧丁的勇士們就會在這裡為將來的終末戰役諸神黃昏進行訓練備戰。另外，在世界樹**伊格德拉西爾**的樹根伸進泉水裡的烏爾德之泉池畔，也有座諸神的集會場，同樣也被視為重要的場所，諸神便是在此地裁決全世界發生的各項事件，相傳命運女神**諾恩**的館邸也是在烏爾德之泉池畔。

阿薩神域之構造

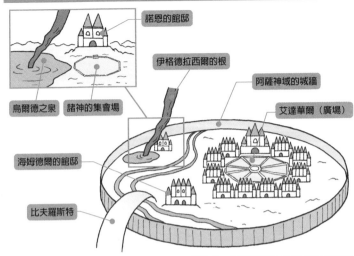

諾恩的館邸

伊格德拉西爾的根

阿薩神域的城牆

艾達華爾（廣場）

烏爾德之泉　諸神的集會場

海姆德爾的館邸

比夫羅斯特

主要神明的住處和其他設施

其他主要設施	
格拉茲海姆	備有12個寶座、以黃金修建而成，是眾男神的神殿。奧丁的宮殿英靈殿便在境內
梵格爾夫	與格拉茲海姆相對應，是屬於眾女神的神殿。此地是秉性正直者的最終歸屬，多被視同為座落於第3天的館邸吉姆列
白銀之廳	相傳乃諸神以計謀取得、為白銀所覆蓋之奧丁館邸。至高王座便是設於此地
畢爾斯基爾尼爾	共有540間房的索爾館邸，是全世界規模等級最大的建築物
海姆德爾的館邸	建於彩虹橋下海姆德爾聖地西敏堡（Himinbjörg）的館邸。相傳此館住起來既寬敞又舒適
英靈殿	奧丁的宮殿。分配給奧丁的戰死者會在這裡受到款待、日夜訓練
弗爾克范格	菲依雅的館邸。此館有間名為色斯靈尼爾的大廳，分配給菲依雅的戰死者會在此受到款待

關聯項目

◆ 伊格德拉西爾→No.015　　　◆ 奧丁→No.017
◆ 阿薩神族→No.016　　　　　◆ 諾恩→No.037

喬登海姆

Jǫtunheimr

喬登海姆乃是屬於巨人族的世界。這個或曰位在米德加爾德*東方、或曰在其北方的世界，是人智所無法理解的不可思議之境。

● **對諸神虎視耽耽的巨人居住的世界**

喬登海姆是位於守護人類世界的圍欄米德加爾德外側的巨人國度。喬登海姆有時亦稱烏特加爾（意為圍欄之外），不過此地名並不等同於曾經讓雷神索爾吃盡苦頭的巨人**烏特加爾洛奇**的領地。關於其位置有數種不同說法，根據《詩歌愛達》與《史諾里愛達》的記述，喬登海姆應當是位於米德加爾德北方到東方的海岸線附近。《史諾里愛達》的〈欺騙吉魯菲〉記載，從前諸神創造世界的時候已經將此地定為巨人的住處。

喬登海姆有口由巨人密米爾負責管理的密米爾之泉，世界樹**伊格德拉西爾**的樹根就浸在這口泉水裡。另外，在喬登海姆南方有條毒河埃利伐加爾流過，《史諾里愛達》的〈詩語法〉就有雷神**索爾**從北方歸來並且渡過這條毒河的記錄，位於米德加爾德東方的鐵森林似乎也在喬登海姆的領地範圍內。這座森林裡面住著變身成狼隻模樣的巨人和生下這些巨人的老婆婆，有個說法認為此地便是分隔米德加爾德與喬登海姆的境界線。〈詩語法〉亦曾記載在喬登海姆和**阿薩神域**中間有個名叫葛留杜迦薩的國境，不過文中完全沒有提及北歐神話究竟是將這兩個不相連世界的國境設定在何處。

《丹麥人的業積》裡還有則丹麥國王哥爾姆造訪巨人蓋魯特（即〈詩語法〉裡面的**蓋爾羅德**）住處的故事。據其所載，巨人的國度是一片永受酷寒籠罩的原始森林，那裡雖然作物稀少，卻有許多別處看不到的獨特生物棲息。相傳住在這裡的居民們都長得一副幽靈般的可怖模樣，身體還會發出惡臭。

---

* 米德加爾德：若採意譯則作「中間世界」，本書因翻譯需要故採音譯。

喬登海姆的構造

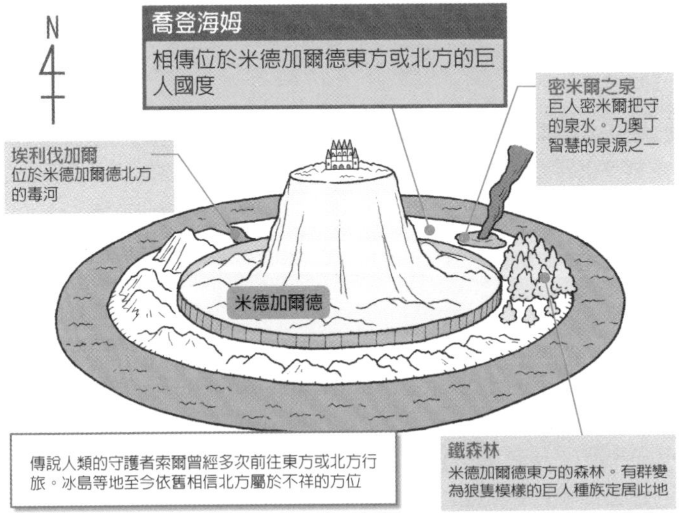
N
喬登海姆
相傳位於米德加爾德東方或北方的巨人國度
密米爾之泉
巨人密米爾把守的泉水。乃奧丁智慧的泉源之一
埃利伐加爾
位於米德加爾德北方的毒河
米德加爾德
傳說人類的守護者索爾曾經多次前往東方或北方行旅。冰島等地至今依舊相信北方屬於不祥的方位
鐵森林
米德加爾德東方的森林。有群變為狼隻模樣的巨人種族定居此地

丹麥國王哥爾姆的冒險

根據《丹麥人的業績》記載，從前有位主動想要前往衆人避之唯恐不及的巨人國度旅行的奇特人物，那便是丹麥國王哥爾姆一世（Gorm I）。此人喜好探索自然更甚於作戰打仗，並且對冰島民衆流言傳聞中的蓋爾羅德（丹麥文記作蓋魯特）的館邸抱有非比尋常的興趣。儘管通往該地的路途據說凶險非常，年輕的國王仍舊無法壓抑想要探索冒險的熱情，遂帶領三百名部下和散播蓋爾羅德流言的始作俑者索爾基（Thorkil），乘著三艘船朝巨人國度進發。

國王一行人的目的地是遠在哈婁葛蘭[*1]前方的畢雅馬蘭[*2]。居住在此的古德蒙（Gudmund）是蓋爾羅德的兄弟，儘管他對走過漫漫長路好容易才抵達的哥爾姆王表示歡迎，但其實古德蒙卻亟欲設陷加害哥爾姆一行人，最終只剩下哥爾姆王和極少數幾位部下在順利達成目的以後得以平安返國。

*1 哈婁雅蘭（Hålogaland）：中世紀北歐薩迦記載中挪威最北的省份。早期維京時代哈拉爾一世尚未出現以前，哈婁雅蘭是個介於挪威的北特倫德拉格郡與特羅姆斯郡之間的小型獨立王國。

*2 畢雅馬蘭（Bjarmaland）：畢雅馬蘭是北歐薩迦文學早從維京時代起便有記載的地方。此地名應是指白海南岸和北杜味拿河流域，即今日俄羅斯的阿爾漢格爾斯克州地界。

關聯項目

◆阿薩神域→No.010
◆蓋爾羅德→No.052
◆伊格德拉西爾→No.015
◆烏特加爾洛奇→No.054

尼弗海姆與尼芙海爾

Niflheimr & Niflhel

在極寒世界尼弗海姆的地底，尚有死者女王海爾居住統治的尼芙海爾存在。

●極寒世界與死者國度

　　尼弗海姆是個位於極北盡頭的極寒世界。相傳這個世界屬於諸原初世界之一，其形成時間雖然比位於相反方向的**穆斯佩海姆**來得晚，卻是早在其他世界形成許久以前便已存在。根據《史諾里愛達》的〈欺騙吉魯菲〉記載，尼弗海姆乃是寒冷和所有恐怖事物的源頭，這裡有口名為赫維爾蓋爾米爾的泉水，而此泉水又分流出好幾股河流，流向每個世界。這口赫維爾蓋爾米爾之泉乃是有翼黑龍尼德霍格和牠麾下無數蛇群的棲息地，牠們平日靠著啃食浸在泉水裡的世界樹**伊格德拉西爾**樹根，以及棄置於泉水中的人類屍體度日。

　　尼弗海姆地底有死者統治者**海爾**的領地尼芙海爾，此世界亦被稱作海爾。病故與衰老死的死者會被帶到位於此地的館邸埃琉德尼爾，然而通往尼弗海姆的道路艱險非常，死者的旅途可謂困難至極。

　　欲前往海爾館邸，首先必須沿著艱難道路朝北而行，然後渡過吉歐爾河，此處有座黃金橋加拉爾，一名叫莫德古德的少女在此把關，即便通過莫德古德的考校、順利通過黃金橋，前方路途也依然困難重重。通往尼芙海爾的格尼巴洞窟有隻凶惡的守門犬加爾姆把守，死者須設法逃過牠的尖牙方能通過。好不容易抵達海爾館邸，死者卻仍然不得稍有鬆懈放鬆，必須睡在名為「病床」的床上、以名為「空腹」的餐盤和名為「飢餓」的餐刀進食。另外，據說從前經常將智慧借給主神**奧丁**的眾巫女，她們的墓碑就位於海爾館邸的東邊。

尼弗海姆的構造

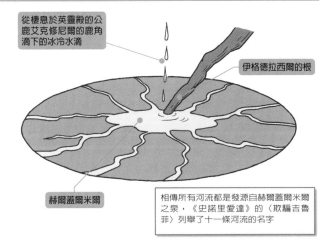

從棲息於英靈殿的公鹿艾克修尼爾的鹿角滴下的冰冷水滴

伊格德拉西爾的根

赫爾蓋爾米爾

相傳所有河流都是發源自赫爾蓋爾米爾之泉，《史諾里愛達》的〈欺騙吉魯菲〉列舉了十一條河流的名字

尼芙海爾（海爾）的入口

埃琉德尼爾（海爾的館邸）

加爾姆

格尼巴洞窟

加拉爾

眾巫女之墓

吉歐爾河

關聯項目

◆穆斯佩海姆 →No.013　　◆奧丁 →No.017
◆伊格德拉西爾 →No.015　　◆海爾 →No.060

穆斯佩海姆

Muspellsheimr

末日戰爭諸神黃昏一役中與諸神作戰的神祕民族穆斯佩，就是住在這個終年被燒炙的熱氣與烈焰籠罩的原初世界。

● 烈焰熊熊的國度

穆斯佩海姆早在第一個生命體巨人**伊米爾**誕生以前便已存在，是最古老的世界。穆斯佩海姆的大地長年受灼熱火焰籠罩，若非原本便出身於此的生物，別說是要住在此地，光是想要進入都萬萬不能。此地位於世界中央深淵金倫加鴻溝的南側，位置跟冰霜迷霧的世界**尼弗海姆**恰恰落在相對的兩個極點。是故在諸神尚未創造出新世界之前，唯有在這兩個世界的空氣匯流融合的地點——金倫加鴻溝——的中央部分，氣候才較為和緩而穩定。

此世界的統治者蘇爾特是**穆斯佩**族的族長，相傳他總是帶著一柄火炎之劍在世界的邊境監看巡視。除前述內容以外，即便遍尋《詩歌愛達》或《史諾里愛達》，也再找不到有關穆斯佩海姆更進一步的記錄，因此這個世界除穆斯佩以外有無其他生物，或究竟有何種文化等較詳細的情況，一概無從得知。

● 孕育諸多恩惠的土地

儘管乍看之下是個極為神祕而不毛的灼熱國度，但其實穆斯佩海姆卻替北歐神話的世界帶來了許多恩惠。首先，世界的第一個生命體的誕生，便是肇始於穆斯佩海姆與尼弗海姆兩地空氣的匯流撞擊，換句話說，若無穆斯佩海姆的熱能，也就不會有後來的諸神誕生。

其次，穆斯佩海姆所迸發的強光與火花，同樣也受到諸神的有效利用；諸神創造世界之際，便是以穆斯佩海姆的光與熱為材料，創造出用來照亮天與地的日月星辰等天體。

穆斯佩海姆的構造

烈焰熊熊的大地
穆斯佩海姆是塊灼熱的大地，唯獨此地出身者方能在這個世界居住生存

蘇爾特
穆斯佩海姆國境有持劍的穆斯佩族長蘇爾特把守

火花
諸多物事均是孕育自穆斯佩海姆迸出的火花

相傳穆斯佩海姆乃是北歐神話當中最古老的世界，位於阿薩神族所居世界阿薩神域

由穆斯佩海姆孕育生成之產物

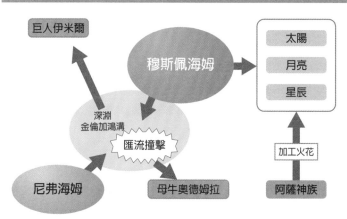

巨人伊米爾

太陽

月亮

星辰

穆斯佩海姆

深淵
金倫加鴻溝

匯流撞擊

尼弗海姆

母牛奧德姆拉

加工火花

阿薩神族

關聯項目

◆尼弗海姆與尼芙海爾→No.012　　◆穆斯佩→No.065
◆伊米爾→No.046

其他世界

北歐神話裡面共有九個世界，但大多數均少有記述、實情不明。此節所要介紹的便是這些世界。

● 人類的世界、妖精的世界

　　人類居住的世界米德加爾德乃是坐落於諸神以原初巨人**伊米爾**肉體創造出來的圓形大地之上。這片大地可以分作三個區域，中央是諸神居住的**阿薩神域**，外側是圍牆（亦稱為米德加爾德），再往外的北方或東北方海岸線則是有巨人族居住的**喬登海姆**。住在同一片大地上的巨人從以前便是人類的巨大威脅，諸神覺得人類很可憐，於是就用伊米爾的睫毛創造出守衛人類世界的柵欄米德加爾德，而米德加爾德就此成為人類世界的稱呼。然而，米德加爾德卻未能如諸神所願成為和平的世界，因為主神**奧丁**為了要蒐集勇敢的戰死者**英靈戰士**作為棋子運用，刻意撒播矛盾與不和、引起戰亂所使然。

　　相傳流斯愛爾芙（白妖精）所居住的愛爾芙海姆，原本是從前豐饒神福瑞在長智齒的時候送給他當做紀念的世界。關於這個世界幾乎毫無所知。一般相信流斯愛爾芙是住在第三天維茲布拉茵（Vidbláinn）的館邸吉姆列（Gímle），所以普遍都認為愛爾芙海姆乃是位在天界。

　　至於鐸克愛爾芙（黑妖精）住的史瓦爾德愛爾芙海姆，《史諾里愛達》載有福瑞的僕從史基尼爾曾經前往該地的記錄。書裡寫到此處有侏儒（矮人）居住，因此史瓦爾德愛爾芙海姆很可能是矮人經常出入居住的地底世界。

　　再說到**華納神族**住的華納海姆，更是連想要推敲那是個什麼模樣的世界都很困難。從殘缺的文字記錄可以得知華納海姆在諸神黃昏過後仍得以存續，因此至少可以確定它應當是位在終末毀滅的破壞力所不能企及之處。

米德加爾德的構造

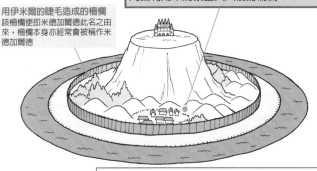

米德加爾德／Miðgarðr

為提供給人類居住而劃分出來的土地，四周圍有用來防禦巨人入侵的柵欄

用伊米爾的睫毛造成的柵欄
該柵欄便即米德加爾德此名之由來，柵欄本身亦經常會被稱作米德加爾德

米德加爾德諸國乃是以四～十世紀日耳曼文化諸國為原型。根據《詩歌愛達》的〈女先知的預言〉記載，米德加爾德所在的這片大陸，其實是諸神從海裡撈起來的陸地

其它世界

愛爾芙海姆／Álfheimr

為記念長智齒（當時的社會有送禮給嬰兒以示慶賀的習慣）而贈送給豐饒神福瑞的世界。此地是流斯愛爾芙（白妖精）的住處，相信應是位於天界

史瓦爾德愛爾芙海姆／Svartálfeimr

侏儒（矮人）亦即鐸克愛爾芙（黑妖精）居住的世界。從《史諾里愛達》等文獻研判，一般均認為此世界乃是位於地底

華納海姆／Vanaheimr

華納神族的世界。從部分文字記述可以發現，華納海姆應是處在某個不會受到終末戰爭諸神黃昏波及的位置。《挪威王列傳》則說華納海姆是位於俄羅斯南端的頓河*流域

* 頓河（Don River）：頓河是俄羅斯的主要河流之一。發源於莫斯科東南的圖拉（Тýла）附近，長1950公里，流入亞速海（Sea of Azov）。

關聯項目

◆阿薩神域→No.010　　　　◆華納神族→No.040
◆喬登海姆→No.011　　　　◆伊米爾→No.046
◆英靈戰士→No.020

伊格德拉西爾

Yggdrasill

世界樹伊格德拉西爾的枝葉遍及九個世界。在這株巨大的桉樹底下，有著各式各樣的生物在此依偎棲息。

● 連接九個世界的世界樹

經常被視同於霍德密米爾森林（Hoddmimir's Holt）、雷拉茲之樹的伊格德拉西爾，是株枝葉包羅涵蓋北歐神話九個世界的巨大世界樹。根據《史諾里愛達》的〈欺騙吉魯菲〉記載，這株名字意為「伊格（**奧丁**）之馬」的桉樹是所有樹木當中最大最好的一株，另外它也是生命的象徵，古詩《菲歐史維德之歌》（Fjölsvinnsmál）就說到把它的果實煮來吃有助產的效果。這株伊格德拉西爾共有三股（《詩歌愛達》的〈女先知的預言〉則說是九股）粗大的樹根支撐著樹體，一股在**阿薩神域**、一股在**喬登海姆**，最後一股則是長在**尼弗海姆**（《詩歌愛達》的〈葛林尼爾的話語〉則作海爾、喬登海姆、米德加爾德）。每股樹根底下各有一口泉水，阿薩神域的是烏爾德之泉、喬登海姆的是密米爾之泉，在尼弗海姆的泉水則被喚作赫維爾蓋爾米爾。

伊格德拉西爾因為體積巨大而有形形色色的生物棲息，其中像是愛吃嫩葉的四頭公鹿、在赫維爾蓋爾米爾池畔啃食樹根的有翼黑龍尼德霍格之類會危害樹體的生物亦不在少數，因此伊格德拉西爾的樹幹都早已腐敗軟化。居住在烏爾德之泉的**諾恩**為避免伊格德拉西爾枯萎，必須每每以神聖的烏爾德泉水和白泥撒在裸露出來的樹根上，藉以保護世界樹。或許正是因為這個緣故，伊格德拉西爾始得以長保蒼茂如常。

儘管伊格德拉西爾給人如此雄壯宏大的印象，其下場卻非常引人唏噓。它在終末戰役諸神黃昏之際，遭到被解釋為巨狼**芬里爾**抑或蘇爾特所釋放火炎的「蘇爾特的親戚」所吞噬。

樹根遍及三個世界的世界樹

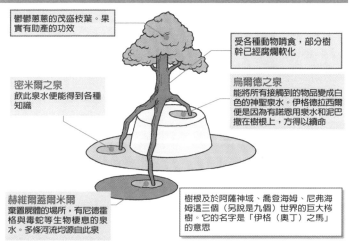

鬱鬱蔥蔥的茂盛枝葉。果實有助產的功效

受各種動物啃食，部分樹幹已經腐爛軟化

密米爾之泉
飲此泉水便能得到各種知識

烏爾德之泉
能將所有接觸到的物品變成白色的神聖泉水。伊格德拉西爾便是因為有諾恩用泉水和泥巴撒在樹根上，方得以續命

赫維爾蓋爾米爾
棄置屍體的場所，有尼德霍格與毒蛇等生物棲息的泉水。多條河流均源自此泉

樹根及於阿薩神域、喬登海姆、尼弗海姆這三個（另說是九個）世界的巨大梣樹。它的名字是「伊格（奧丁）之馬」的意思

棲息於伊格德拉西爾周邊的主要動物

鷲	這隻鷲的兩眼中間停著一隻鷹，經常被視同於棲息在天空的赫拉斯瓦爾格爾。博識多聞
拉塔托斯克	棲息於伊格德拉西爾樹幹裡的松鼠。為使鷲跟尼德霍格失和而四處奔走
四頭公鹿	達因、特瓦林、杜涅爾、杜拉索爾＊。不停啃食伊格德拉西爾的嫩葉
尼德霍格	棲息於赫維爾蓋爾米爾的有翼黑龍。為使伊格德拉西爾枯死，而與麾下群蛇不停啃食其樹根
蛇	格因、摩因、格拉巴克、格拉弗沃魯德、奧弗尼爾、斯瓦弗尼爾。棲息於赫維爾蓋爾米爾
兩隻天鵝	棲息於烏爾德之泉。是所有白色鳥類的始祖

＊達因、特瓦林、杜涅爾、杜拉索爾：四頭公鹿的名字依序為Dain、Dvalin、Duneyr、Durathor。格因、摩因、格拉巴克、格拉弗沃魯德、奧弗尼爾、斯瓦弗尼爾：六條蛇的名字依序為Góinn、Móinn、Grábakr、Grafvölluðr、Ófnir、Sváfnir。

基督教傳入以後的北歐諸神

　　正如同曾經以地中海為中心在歐洲盛極一時的希臘羅馬神話般，北歐諸神亦難逃基督教的影響波及。這些被傳教士吸收納入基督教價值觀的北歐神祇，終於從高高在上的神座墜落，並逐漸演變成妖精、魔物之流，從而流傳後世。直到數個世紀以後、世人發現其文學和歷史價值之前，這些北歐諸神便是如此長期被埋沒在歷史舞台最黑暗的角落。

　　其中尤以從前深受王侯貴族信奉的奧丁信仰的沒落凋零，特別令人感到心痛。在接受基督教以後的德國，奧丁變成了夥同亡靈在暗夜裡出沒、物色旅行者攝奪魂魄的妖怪幽獵（Wild Hunt）。奧丁的形象定位在德國至少與從前相同，仍然是不斷在召募士兵尋找英靈戰士，可是在北歐受到的對待甚至比被視為恐怖的妖怪還要更加不如：原本信奉他的王侯貴族因為選擇了利於施行統治的基督教，結果使得奧丁只能沒落得成為時時企圖迷惑王侯、稍見有機可趁便要取人性命的可厭惡魔。

　　另一方面，民眾的守護神索爾似乎在基督教傳入後，依舊受到民眾繼續信奉，而且還維持了一段時間。就算索爾最終還是被打成了惡魔，他跟奧丁比起來，始終還是較少有邪惡毒辣的行徑，依舊是秉持著希望得到民眾信仰的態度，出現在眾人面前。

　　從大力推動改宗基督教的挪威國王奧拉夫・特里格瓦松[*]的傳說裡亦可清楚窺見前述二者之差異。奧丁運用花言巧語瞞騙國王、每每欲藉饋贈禮物陷害之，卻屢屢遭到國王以機智化解。相對地，索爾則是在國王乘船出航之際現身、講述自己從前為保護民眾而擊退巨人的故事，然後就此消失不見。

　　最終索爾便是以巨人剋星的形象在民間故事裡留下了身影。根據瑞典的民間故事記載，從前有個農民被迫必須邀請巨人來參加兒子的受洗禮儀式，當時他只提到說索爾也在前來祝賀的賓客名單當中，便阻止了巨人的來訪。原來那名巨人住在該農家附近的山裡，每次農民打漁的時候，巨人都會給他好運，因為要報答這份恩情，所以才必須邀請巨人參加儀式，但是如果讓貪吃的巨人來參加，農民的所有財產家當就很有可能會被巨人給吃倒，於是農民便心生一計，讓僕從去進行計畫以免必須招待巨人。

　　當僕從前去邀請巨人參加儀式的時候，巨人問道還有招待哪些賓客，僕從便列舉出基督教的聖人、基督本人以及聖母馬利亞等名字，當時巨人心想這些賓客只消稍作忍耐即可，倒也不至於讓他無法參加。可是僕從又接著提到了索爾的名字，巨人才說自己曾經吃過索爾許多苦頭，因而放棄出席農民之子的洗禮儀式。

＊ 奧拉夫・特里格瓦松（Óláfr Tryggvason）：即挪威國王奧拉夫一世（Olaf I，995～約1000年在位）。金髮哈拉爾一世的曾孫，奧拉夫松（Tryggvi Olafsson）的遺腹子。

第 2 章

北歐神話的登場人物

阿薩神族

Áss

阿薩神族是支統率北歐世界的偉大神族，但他們究竟是種什麼模樣的存在？

● 君臨北歐世界的眾神

阿薩（Áss，複數形為阿希爾Æsir）神族是住在九個世界中心**阿薩神域**的眾神。傳說他們每天都會聚集在烏爾德之泉畔的集會場，裁判處理世界發生的各種事情。

《史諾里愛達》講述阿薩神族時列舉了主神**奧丁**、雷神**索爾**、戰神**索爾**為主的男女各十二～十四位神明，其中甚至還包括了**華納神族**的尼爾德父子和出身**巨人族**的惡神洛奇等神明，因此阿薩神族應是個泛指所有神明，而並非限定於某一特定種族的用語。

阿薩神族的長相大致來說與人類並無二致。跟人類與其他種族不同的是，阿薩神族因為有顆由女神伊登負責管理、能夠永保青春的蘋果，所以既不會**變老**也不會**變醜**陋；不過他們也並非永恆不滅的存在，不但可能在戰鬥中受創負傷，嚴重者甚至還會因而死亡。也正是因為這個緣故，終末戰役諸神黃昏之際，才會有許多神明在與巨人族的激戰過後喪失了性命。

北歐民族相信阿薩神族司掌主權、祭祀、魔法、法律、知識、暴力、戰鬥等各項事務。話雖如此，阿薩神族其實並不像司掌農作豐收的華納神族般能夠各自套用至各個分類；事實上，民眾對奧丁與索爾諸神的祈求頗為繁雜、遠超過前述諸多類別。

另外，《挪威王列傳》和《丹麥人的業績》所描述的阿薩神族，其實只不過是群擅長魔法的人類而已；他們便是憑著這股力量從原本的根據地遷居至北歐，從而君臨於眾人之上。

奧丁世族暨其從屬勢力

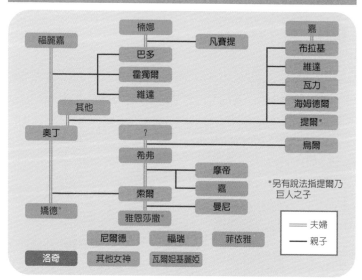

阿薩神族的對外關係及其起源

《挪威王列傳》記載的阿薩神族起源

阿薩神族原是小亞細亞地區特洛伊的王族。奧丁認為自己的未來在北歐，故而開始對北歐展開攻擊侵略

《丹麥人的業績》記載的阿薩神族起源

阿薩神族是居住在拜占庭的東方民族。他們去到烏普薩拉，以神明之姿君臨於家人之上

＊嬌德（Jörð）：大地女神。奧丁的女兒，同時也是奧丁的妻子。雷神索爾的母親；雅恩莎撒（Járnsaxa）：北歐神話中古老海神埃吉爾的九個女兒之一。她們九個姐妹和奧丁一起生下了守衛神海姆德爾。另外據說雷神索爾的第一任妻子也叫雅恩莎撒，他們生下的孩子是曼尼。

關聯項目

No.017 オーディン

奧丁

Óðinn

奧丁是北歐的主神，這位神明擁有諸多能力與名號，性格複雜而且刻薄。

● **統率諸神的王者**

奧丁是北歐神話的主神，乃**阿薩神族**之首。他的母親是女巨人，因此奧丁應該算是半巨人，可是他卻與兄弟威利、菲消滅了祖先原初巨人**伊米爾**，並且用伊米爾的肉體創造出世界。

他不但和妻子**福麗嘉**生下**巴多**，還跟眾女性生下了雷神索爾等諸神明。《挪威王列傳》說奧丁是眾多諸侯的始祖，還說他跟惡神**洛奇**結下了血誓兄弟的盟誓。

奧丁擁有戰爭與死亡、知識與詩藝、咒術等各種神性，同時也因其多樣的功能性而擁有許多名號，其信仰甚是古老，一世紀前後的史書《日耳曼尼亞誌》就曾經記載到一位疑似奧丁的神明。其實奧丁是直到比較晚期的時候才被奉為主神，而他的信徒如王侯、詩人似乎在這件事情上有很大的影響。

奧丁往往被描繪成一位手持魔法長槍永恆之槍*、隨身領著兩匹狼兩隻烏鴉的獨眼老人。根據《史諾里愛達》的〈欺騙吉魯菲〉記載，他除飲用葡萄酒以外完全不須進食，而且奧丁對知識非常貪婪，甚至為此不惜施計使詐。他經常探訪遍遊人類與巨人的世界，通常會化作寬簷帽壓得老低、身披藍色斗篷的老人模樣。

為避免世界毀滅的預言成真，奧丁奔走世界各地，致力於蒐集知識、網羅勇敢的戰死者英靈戰士。然則，已然注定的命運卻無從更改，世界終究還是要步向末日。面對蜂擁前來的大批敵軍，身披黃金盔甲的奧丁率先在眾神前頭拚鬥奮戰，然而他的奮戰卻仍無法使他免遭巨狼**芬里爾**吞噬，終於殞命。

---

* 永恆之槍（Gungnir）：這支槍相當長，既可騎馬使用，也可以拋擲出去，而且每一次必定會命中目標，對身為戰神、暴風之神的奧丁來說，這把槍就代表閃電。不過奧丁同時也是詩歌與愛情之神，當他身為詩歌與雄辯之神時，他的槍就代表尖銳而一針見血的諷刺；當他身為愛情之神時，神槍同時也象徵著貫穿女性的性器。

長於魔法與智謀的眾神之父 —— 奧丁

族　屬
阿薩神族

神　格
戰爭與死亡之神 咒術之神 知識與詩藝之神

領　地
格拉茲海姆 英靈殿（邸所）等

解說

奧丁是北歐神話的主神、眾神之父。他對知識極為貪婪，甚至不惜為此施計策或背叛他人。終末戰役諸神黃昏當中與巨狼芬里爾相抗，卻力有未逮遭其吞噬

特徵

奧丁是位蓄著灰色鬍鬚的獨眼老人。他在天界會穿戴黃金盔甲，在地上則喜歡戴寬簷帽和披藍色斗蓬。奧丁是擅於用兵的指揮官，同時也是位魔法高手

持有物
永恆之槍（長槍）／特勞布尼爾（手環）* ／斯萊布尼爾（馬）／密米爾之首

主要相關神祇與人物
福麗嘉／巴多／維達／瓦力／洛奇／海尼爾

奧丁及其屬性

```
                              ┌─ 戰爭與死亡之神 ─┐
                              │ ·挑起戰爭，賜信奉者以守護
                              │ ·將戰死者收編為麾下的英靈戰士
                              │ ·操縱死者行使預言

         奧丁 ─────────────── ┌─ 咒術之神 ─┐
                              │ ·歷經幾番苦行終於掌握魯納文字的奧祕
                              │ ·習得華納神族的塞茲咒法
                              │ ·向巨人等對象習得各種咒法

                              ┌─ 知識與詩藝之神 ─┐
                              │ ·從巨人手中奪得詩蜜酒
                              │ ·將詩才分予世間詩人
```

* 特勞布尼爾（Draupnir）：特勞布尼爾此名是「滴落」（dropping）之意。這手環每九晚就會滴落形成另外八個同樣的手環。古代北歐習俗中，國王以贈與手環來犒賞部下對自己的忠誠與親愛之情。

關聯項目

奧丁與戰爭

奧丁亦具備戰神的神格，從前的諸王侯便是向著奧丁祈求他那善變的庇佑守護。

●奧丁善變的庇佑守護

身為北歐神話主神，奧丁卻同時具備有戰爭之神的面向。其實戰爭原屬戰神**提爾**管轄，北歐民族向來都是向提爾祈求勝利，個人決鬥時則是應該向狩獵之神**烏爾**祈求。

儘管已有前述兩位神明，為何奧丁還是被民眾奉為戰神呢？這是因為他向來擅長於戰術與策略，同時還通曉許許多多有利於戰鬥的咒術所致。舉例來說，北歐在異教時代常用的陣形之一楔形陣，傳說也是由奧丁所創。奧丁會毫不吝惜地將此類知識與智慧授予他的信徒，不過他會被視為戰神的最重要、最關鍵的原因，還是在於他往往會隨時挑起戰鬥，並決定誰勝誰負。奧丁會派遣瓦爾姐基麗婭前往戰場左右雙方的命運，有時候會親自出馬將勝利賜給自己中意的一方，甚至還會在王侯間播下不和的種子，故意挑起戰鬥。

不過奧丁也無法得到信徒完完全全的信賴，他的守護極為善變，即便是屢戰屢勝的偉大君王也往往不能善終。根據《丹麥人的業績》記載，當初哈拉爾碧齒王[*1]因為得到奧丁傳授楔形陣（豚形陣）而獲勝連連，最後卻還是敗給了得奧丁傳授相同陣形的外甥林格王[*2]。其次，《佛爾頌薩迦》（Völsunga-saga）的齊格蒙也曾靠著奧丁所授寶劍度過重重難關，但最終還是被奧丁把劍折斷，因而喪命。

即便如此，許多王侯還是會向奧丁祈求勝利，到頭來，眼前的勝利終究不是世間的其他事物所能替代。《挪威王列傳》的〈善王哈康的薩迦〉（Saga of Håkon the Good）就清楚地描繪了這些王侯的樣貌。

[*1] 哈拉爾碧齒王（Harald Blatand）：即哈拉爾一世，丹麥國王（940？～985？）。他繼承父王老哥爾姆（Gorm the Old）完成國家統一的大業，使丹麥人信奉基督教，並且征服挪威。

[*2] 林格王（Sigurðr Hringr）：「Hring」為「指環」（ring）之意。林格王是許多斯堪地那維亞古傳說都曾經提到的瑞典與丹麥的國王。

奧丁與戰爭的關係

奧丁

・派遣瓦爾姐麗婭前往決定戰場勝負
・將勝利賜予祈求庇佑守護者
・將必殺陣形賜予自己中意的對象
・為復仇出借武器
・接納勇敢戰死的死者

獻禱祈求守護

相對地

王侯

・無法掌握瓦爾姐麗婭的行動
・經常在諸王侯間散播不和的種子
・極為善變，經常將守護收回
・往往會將中意的對象殺死，藉此收入魔下

奧丁所授戰列陣形

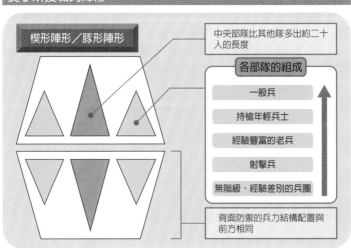

楔形陣形／豚形陣形

中央部隊比其他隊多出約二十人的長度

各部隊的組成

一般兵

持槍年輕兵士

經驗豐富的老兵

射擊兵

無階級、經驗差別的兵團

背面防禦的兵力結構配置與前方相同

關聯項目

奧丁情史

眾神之父奧丁與諸多女性均傳有花名，他追尋的其實並不只是戰場上的勇士而已。

● 花名昭彰的眾神之父

奧丁穿梭在眾多女性之間，留下了許多花名。事實上，奧丁生下的眾神很多都不是他跟妻子**福麗嘉**的子女，他似乎還認為這是個值得驕傲的戰績，《詩歌愛達》的〈哈爾巴德之歌〉裡化身成擺渡人的奧丁就曾經巴著兒子雷神**索爾**不放、拚命吹噓，對於被他強迫放送的索爾來說，此舉肯定令人非常困擾。

曾經與奧丁發生過關係的女性通常都不會有什麼幸福的好下場。譬如奧丁為取得**詩蜜酒**而與其發生關係的巨人之女耿雷姿，就只能傻傻地看著奧丁離開。另外，奧丁還曾經只是為了要替兒子**巴多**報仇而與巨人之女琳德*生下瓦力。不過這段故事另有個不同版本收錄於《丹麥人的業績》，裡面的奧丁更加惡劣，甚至還強行佔有拒絕奧丁的羅塞尼亞（俄羅斯）公主琳達，對他來說，大多數女性只不過是達成目的的道具或一時的慰藉而已。

當然，並非所有女性都會任其擺佈。《詩歌愛達》的〈高人的箴言〉記載，奧丁曾經有過一次因為無法得到對方的愛，從而覺得萬事萬物都變得空虛且索然無味的戀情；奧丁心儀的對象是巨人畢靈（Billingr）的女兒，她先是順利地用煙捲走奧丁將他送走，接著便立刻鞏固住家周圍防備，還在床邊綁了隻母狗以為警備。除此之外，奧丁的妻子福麗嘉也並非只懂得默默順從的女性，她會秉持著自己的價值觀行動，有時甚至還不惜為此而陷奧丁於險地。

---

*琳德（Rindr）：霍獨爾受洛奇陷害殺死奧丁之子巴多，但奧丁必須依照神能接受的慣例報仇才行，而報仇必須由一位同是近親但表面又不是近親的年幼戰士執行，於是奧丁選擇琳德作為這位復仇者的母親、生下瓦力。傳說奧丁運用了他誘惑女性的絕活——塞茲咒法，才終於得逞。

《詩歌愛達》所載奧丁的女性觀

奧丁

- 女孩和女人的話不可信
- 想要得到女人的愛，就要好言相對餽以禮物，稱讚她的美麗
- 順利得到手的美女要善加利用。聰明的人沒什麼事情是辦不到的
- 即便是溫柔良順的女孩，講到男人大多仍是很容易移情別戀
- 熾烈的愛戀之心能把賢明者變成愚人

—— 摘自《詩歌愛達》〈高人的箴言〉

- 不相信女性
- 認為女性是拿來利用的東西
- 對戀愛抱否定態度

奧丁的女性關係

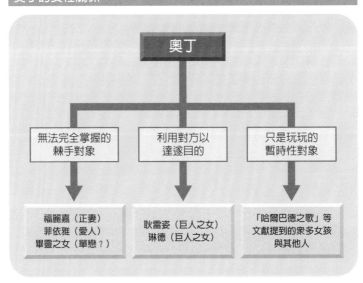

奧丁

| 無法完全掌握的棘手對象 | 利用對方以達逐目的 | 只是玩玩的暫時性對象 |

福麗嘉（正妻）
菲依雅（愛人）
畢靈之女（單戀？）

耿雷姿（巨人之女）
琳德（巨人之女）

「哈爾巴德之歌」等文獻提到的眾多女孩與其他人

英靈戰士

Einherjar

英靈戰士是為備戰終將來臨的破滅之日，而從戰場上招募集合的勇敢戰死者，他們平時就住在眾神的庭園中，不停磨練戰鬥技巧。

●受召聚集於奧丁麾下的戰死者

英靈戰士乃主神**奧丁**與**菲依雅**為備戰終將來臨的終末戰爭——諸神黃昏——所召集的久經沙場勇士。Einherjar此名有「獨自戰鬥者」之意，乃是由在戰爭中負傷至死的戰死者所組成。他們居住的英靈殿是個理想的國度，當時的北歐民族甚至在瀕死之際還不惜以武器自戕，只求能夠進到英靈殿；就連《挪威王列傳》當中被擬作人類的奧丁也是以長槍自殘而亡。

根據《詩歌愛達》的〈葛林尼爾的話語〉記載，英靈殿坐落於格拉茲海姆，殿體是以長槍為椽、盾牌為頂，殿中長凳均以鎖子甲包裹覆蓋，旁邊有株名叫雷拉茲的大樹，樹蔭就落在英靈殿上面。眾英靈戰士每天都會從總數多達五百四十扇的門走出英靈殿，鎮日以戰鬥為樂；在這裡，無論負傷或是戰死，等到傍晚就會回復如初。《史諾里愛達》的〈欺騙吉魯菲〉說英靈戰士結束每天的戰鬥以後，就會有用每到傍晚就會復活的母豬塞弗利姆尼爾煮成的料理，以及蜜乳山羊吃雷拉茲樹葉分泌的蜜酒乳汁在等著他們；美麗的**瓦爾妲基麗婭**為他們端上這些酒菜，奧丁坐在寶座上，與他們和樂融融的一同用餐。英靈戰士便是如此每日以戰鬥飲宴度日，可是翻遍文獻，卻遍尋不著他們曾經在諸神黃昏戰役中顯露身手的記錄，真要說的話，英靈戰士此概念或許反倒是以蒐羅人材的意涵較為鮮明強烈。在《佛爾頌薩迦》（Völsungasaga）和《丹麥人的業績》裡就有描述奧丁親自出馬對自己中意的君王下殺手，《埃里克的話語》（Eiríksmál）和《哈康的話語》（Hákonarmál）裡則是描述奧丁為迎接氣度堂堂的國王進入英靈殿而欣喜雀躍的模樣。

英靈殿與英靈戰士

艾克修尼爾
將冰冷水滴滴到位於尼弗海姆的泉水——赫維爾蓋爾米爾裡面的公鹿

蜜乳山羊
提供蜜酒給英靈戰士的母山羊

雷拉茲樹
受艾克修尼爾和蜜乳山羊啃食的樹。樹蔭落在英靈殿的屋頂上

英靈殿
黃金盾牌修葺成的英靈殿，共有540扇門可同時供800人出入

訓練中的英靈戰士
英靈戰士們每日在奧丁的庭園裡進行實戰訓練，為諸神黃昏備戰。其實戰鬥也就是英靈戰士們的娛樂，戰死者與負傷者每到傍晚就會復原

英靈戰士都是為備戰諸神黃昏而從戰場募集而來的戰死者。有些優秀的王侯甚至還是喪命於奧丁之手

英靈殿的饗宴

奧丁
儘管與英靈戰士們同席，卻只喝葡萄酒而已

眾神的招待
若是頗具實力的王侯，有時布拉基和赫摩德等神明也會親自出迎

瓦爾妲基麗婭的服務
除戰場奔波以外，瓦爾妲基麗婭也要擔任服務員，招待英靈戰士

英靈戰士傍晚回到英靈殿以後，就會有蜜酒和用塞弗利姆尼爾豬煮的料理招待他們。也許對當時的民眾來說，這種不是戰鬥就是飲宴的生活，就是種理想的生活情境

關聯項目

◆奧丁→No.017
◆瓦爾妲基麗婭→No.022
◆菲依雅→No.044

狂戰士

Berserkr

狂戰士受奧丁庇佑守護，擁有堪稱為無敵的強大力量，可是他們的地位也隨著諸神的凋落而愈趨低下。

●受奧丁守護的戰士

狂戰士是效命於主神**奧丁**的戰士，但北歐神話裡幾乎沒有描述到他們活躍的英姿，頂多只能從《詩歌愛達》的〈巴多之夢〉（Baldrs draumar）裡，讀到四名狂戰士曾經合力壓制住前來弔問**巴多**的女巨人隨身帶來的狼而已。狂戰士最為活躍的主舞台，其實是在薩迦等傳說當中。在這些傳說裡面，狂戰士每每被視為是優秀的戰士，但是後來卻逐漸被形塑成法外之徒。

Berserkr之所以普遍譯作「狂戰士」，乃緣自於他們的作戰方式。《挪威王列傳》序章〈英林加薩迦〉記載，他們作戰的時候周身不著盔甲，如狂犬如餓狼般緊咬住敵人的盾牌不放，又有如巨熊如公牛般強大；此外儘管他們殺敵無數，卻沒有任何火焰或任何武器能傷害他們的身體。

如此看來簡直是無敵的狂戰士，卻也並非毫無弱點。據《埃吉爾薩迦》等文獻記載，狂戰士進入「狂戰士的激怒」狀態後，就能發揮出無法抵擋的強大力量，可是一旦脫離該狀態後就會疲累得無法動彈，許多狂戰士都是被抓住這個弱點而遭殃。另外《基督教薩迦》[*]裡則是有狂戰士向在冰島傳教的祭司桑布蘭德（Þangbrandr）挑戰，卻被聖別過的火焰灼傷、被潔淨過的劍貫穿的文字記述。當然，這跟基督教傳進北歐，致使狂戰士地位降低也並非毫無關聯。許多傳說都說狂戰士的這些異能乃是奧丁的魔法或遺傳所致，不過現在的研究一般認為，狂戰士其實是指某種服用毒菇所引起的亢奮狀態。

---

[*] 《基督教薩迦》（Kristni Saga）：亦名《冰島改宗記》（Íslendingabók）。

委身於瘋狂的戰士——狂戰士

族　屬

阿薩神族／人類

解說

服從於主神奧丁的戰士。他們原先都是在王侯麾下創造光輝戰果的人物，後來卻隨著時代移徙慢慢受到與法外之徒相同的對待

特徵

一旦進入名為「狂戰士的激怒」狀態，他們就會化作擁有怪力、任憑武器或火焰都不能傷及分毫的無敵戰士，然而脫離該狀態後卻會感到極度疲憊。按照現代的解釋，這應該是某種服用毒菇所引起的興奮狀態

主要相關神祇與人物

奧丁

狂戰士的定位

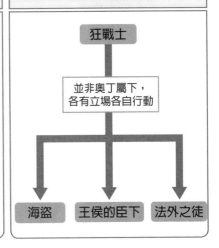

神話中的狂戰士

狂戰士是奧丁的屬下，其能力乃源自於奧丁的魔法

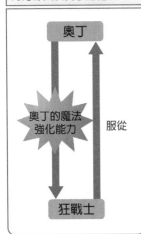

奧丁

奧丁的魔法強化能力　　服從

狂戰士

薩迦等傳說中的狂戰士

後代狂戰士的能力多是遺傳而來

狂戰士

並非奧丁屬下，各有立場各自行動

海盜　　王侯的臣下　　法外之徒

關聯項目

◆奧丁→No.017　　◆巴多→No.026

瓦爾姐基麗婭

Vlkyrja

瓦爾姐基麗婭是奉奧丁之命，奔波穿梭於戰場中的少女，她們時時刻刻都與英雄們同在。

●穿梭於戰場的少女

瓦爾姐基麗婭是群奉主神**奧丁**命令，決定戰場眾戰士命運、並且將他們的靈魂帶領到英靈殿的少女。華格納[*1]的歌劇《尼伯龍根的指環》把她們寫成是奧丁的女兒，但北歐神話裡的瓦爾姐基麗婭，其實是由**巨人族**女兒或人類王侯的女兒等出身各自不同的眾多少女所組成的。

根據《史諾里愛達》的〈欺騙吉魯菲〉記載，瓦爾姐基麗婭會來回奔走在戰場裡，觀察各人面色是否受死亡陰影籠罩並就此決定勝負。也是因為這個緣故，她們才會被賜以飛馬好能夠及早趕赴戰場；瓦爾姐基麗婭還有件能夠變身成天鵝的羽衣，有時也會用這項法寶前往戰場。

《尼亞薩迦》（Njáls Saga）說瓦爾姐基麗婭是利用織布的動作來決定戰場上的趨勢。據傳她們用的織布機是以人頭為紡錘、以箭為梭、以劍為筬[*2]，形狀很是奇怪。一旦布匹織成的同時，就會將把布撕裂，藉以實現她們所決定的命運。

瓦爾姐基麗婭有時還會成為英雄的守護者，跟他們一同馳騁戰場。瓦爾姐基麗婭其中亦不乏如《詩歌愛達》的〈希格德莉法的話語〉所述，或者像《休瓦茲之子海爾吉之歌》裡的斯薇法（Sváva）般，與英雄成為戀人、甚至不惜違抗奧丁決定，也要替英雄帶來勝利。當然奧丁也不可能容許此等違逆之舉，這些瓦爾姐基麗婭最後幾乎都是以悲慘的命運收場。而英靈殿裡服侍從戰場遴選來的戰死者英靈戰士和服侍奧丁的工作，同樣也是落在瓦爾姐基麗婭身上。

[*1] 華格納（Wilhelm Richard Wagner，1813～1883：德國戲劇作曲家和理論家，其歌劇與音樂對西方音樂的發展有革命性的影響。他的所有音樂戲劇都是個人創作（包括情節、人物、劇詞、表現方法和音樂）。

[*2] 筬：紡織機上固定經紗，打入緯紗的機件，形狀像梳子。

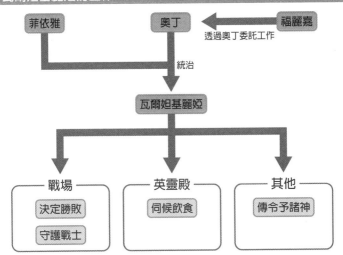

穿梭於戰場的少女 —— 瓦爾姐基麗婭

族　屬
阿薩神族

神　格
戰場女神 死亡女神

解說

服侍主神奧丁，負責決定戰場勝負的女神。其成員包括巨人族之女或人類王侯之女等，出身各自不同。或許是因為這個緣故，有些瓦爾姐基麗婭也會違逆奧丁旨意

特徵

瓦爾姐基麗婭是身披鎧甲的美麗少女，擁有將勝利帶給其守護對象的能力。在較古老的時代，多被描繪成近乎怪物的模樣

—— 持有物 ——

飛馬 / 天鵝羽衣 / 決定戰場命運的織布機

—— 主要相關神明與人物 ——

奧丁 / 菲依雅 / 佛爾頌 / 海爾吉 / 布倫希爾德

瓦爾姐基麗婭的工作

菲依雅　　　奧丁　　　◀━━━━福麗嘉

透過奧丁委託工作

統治

瓦爾姐基麗婭

戰場
- 決定勝敗
- 守護戰士

英靈殿
- 伺候飲食

其他
- 傳令予諸神

關聯項目

◆奧丁→No.017　　　　◆巨人族→No.045

53

索爾

Þórr

索爾是阿薩神族當中最受巨人族畏懼的雷神，同時也是位愛護人類的和善神明。

●為守護諸神與人類而奔波的雷神

索爾是北歐神話裡的雷神，也是諸神與人類的守護者。儘管在神話中的地位稍遜於主神**奧丁**，但實際上所受信仰反而比奧丁更多。索爾的司掌職責項目極為多樣，在冰島和挪威地區甚至還受到近乎主神般的崇拜信仰。除此之外，信徒祈求兒女子嗣、為死者或魯納除穢也都是憑索爾的守護力量而行之。

在神話裡面，索爾是奧丁與司掌大地的女巨人嬌德的兒子，他蓄著一把大紅鬍子，性格單純而易怒，可是對人類卻很親切。話雖如此，索爾卻絕非愚魯之輩，在《詩歌愛達》的〈艾爾維斯的話語〉裡面，他便曾運用機智擺平了覬覦自己女兒的**侏儒（矮人）**，另外《詩歌愛達》的〈哈爾巴德之歌〉則說戰死的奴隸將會被召到他的麾下。

根據《史諾里愛達》的〈欺騙吉魯菲〉記載，索爾是諸神與人類當中最強大的存在，他在斯羅德萬（Þrúðvangr）以及另名斯羅德海姆（Þrúðheimr）的領地有座共有多達五百四十個廳堂的邸館，叫作畢爾斯基爾尼爾。此外，據說他還會帶著雷神之鎚[*1]、持握雷神之鎚鎚柄所需之鐵手套[*2]，以及能使索爾的神力阿斯梅金（Ásmegin）加倍提升的力量腰帶[*3]共三樣寶物，乘坐兩頭公山羊拉的戰車，在天空中來回奔馳。

在以《詩歌愛達》為首的許多文獻資料裡，索爾曾經為對抗巨人而走過東方各地，而**洛奇**是最常與他同行者，但這並不代表他們倆感情特別好，事實上索爾還為此吃了不少苦頭，甚至跟洛奇之子大蛇**約爾孟甘德**是死對頭，在諸神黃昏當中落得了同歸於盡的下場。

[*1] 雷神之鎚（Mjollnir）：雷神索爾的武器，其名有「粉碎」之意。它和索爾都是神之領域的最強戰力，成為對抗諸神宿敵巨人族的一股反制力量。它有著一定會回到投擲者手中的特性。

[*2] 鐵手套（Iron gauntlets）：事實上神話中索爾從未配戴過這個鐵手套，《詩歌愛達》亦無此鐵手套的描述，也許是史諾里的創作也說不定。

諸神與人類的守護者——索爾

族　屬

阿薩神族

神　格

雷神（天候、農耕之神）
人類的守護者
奴隸死後的統治者

領　地

斯羅德萬
畢爾斯基爾尼爾（邸館）
其他

—— 持有物 ——

雷神之鎚／鐵手套／力量腰帶／唐格紐斯
特（山羊）／唐格理斯尼（山羊）

—— 主要相關神明與人物 ——

奧丁／希弗／摩帝／曼尼／斯露德／希亞
費／羅絲昆娃／洛奇

北歐神話中索爾的重要戰役

對　手	結　果
鐵匠（巨人）	擊敗受諸神欺騙的發怒巨人
斯留姆（巨人）	擊敗盜走雷神之鎚的犯人
烏特加爾洛奇（巨人）	東方遠征時被巨人玩弄於股掌中
芬葛尼爾（巨人）	與大鬧阿薩神域的巨人決鬥得勝
蓋爾羅德（巨人）	擊敗設陷阱意欲陷害自己的巨人
希米爾（巨人）	前往拜訪時遭巨人攻擊，將其擊敗
艾爾維斯（侏儒）	擊敗想娶自己女兒的侏儒
約爾孟甘德	諸神黃昏戰役中同歸於盡

*¹ 力量腰帶（Megingjarða）：史諾里在〈欺騙吉魯菲〉記載，索爾將其
纏繞在腰就能獲得雙倍的力量，不過《詩歌愛達》並無關於這條力量
腰帶的記述，所以一般認為這是史諾里從現今已經遺失的資料引用之
物，或是史諾里自己想像創造之物。

關聯項目

◆奧丁→No.017
◆洛奇→No.057
◆約爾孟甘德→No.059
◆侏儒（矮人）→No.063

索爾的家族與僕從

索爾是北歐神話中最親近民眾的神明，而他的家族同樣比其他神明的家族更受到親近與喜愛。

● 索爾的家族與僕從

談到**索爾**的家族，首先就要提到他的妻子**希弗**。希弗有著一頭眾女神當中最美麗的金髮，雖然曾經一度因為惡神**洛奇**惡作劇而被剃成光頭，最後卻還是靠著**侏儒（矮人）**巧手打造的黃金假髮，讓她的頭髮反而美得更勝以往。此外，據說她在和索爾結婚前，曾經與巨人生下狩獵之神**烏爾**，也曾經與洛奇等對象發生過外遇。儘管如此，索爾仍舊對希弗始終是深信不疑，《詩歌愛達》的〈哈爾巴德之歌〉裡，索爾便曾經否定主神**奧丁**所告知的希弗外遇的消息，說那是「最痛苦的謊言」。

曼尼是索爾與女巨人雅倫莎克沙（Járnsaxa）之子，自幼便力大無窮、善於言辭。剛出生才三天，就已經能夠舉起眾神任誰都舉不起來的巨人**芬葛尼爾**的屍體，救出被壓在屍體底下的索爾；據說當時他甚至還誇下「要是讓我碰見的話，像這種巨人早讓我打死了」的海口。傳說後來曼尼與兄弟摩帝一起在終末戰役諸神黃昏中存活下來，並且繼承了索爾的寶物雷神之鎚。索爾跟希弗還有個名叫斯露德的女兒，《詩歌愛達》的〈艾爾維斯的話語〉記載，斯露德擁有遺傳自母親的動人美貌，所以後來才會被一名叫作艾爾維斯的侏儒給看上。

索爾的僕從——希亞費和蘿絲昆娃兄妹，本是農家子弟出身，《史諾里愛達》記載，他們當初是因為弄傷了替索爾拉車的公山羊，所以才當索爾僕從作為賠償。希亞費有雙快腿而且勇敢過人，曾經在各種場合替索爾立下許多汗馬功勞，至於蘿絲昆娃卻已經幾乎找不到任何更多相關記錄。

索爾的家族與僕從

希弗／Sif

以美麗長髮被惡神洛奇剃掉一事為世人所知的索爾妻子。除了曾經在跟索爾結婚前與巨人生下烏爾以外，還跟洛奇等人有過外遇關係。一說指其金髮代表的是小麥，其多情則是豐收的象徵

索爾 —— 雅倫莎克沙

曼尼／Magni

女巨人雅倫莎克沙和索爾生的兒子。出生僅三天就已經善於言辭，還把沒人有辦法的巨人芬葛尼爾屍體給舉了起來。從諸神黃昏存活下來，與摩帝共同繼承了索爾的雷神之鎚

摩帝／Móði

希弗和索爾生的兒子。他與曼尼從諸神黃昏存活下來，並共同繼承了索爾的雷神之鎚。其後，他便和同樣存活下來的維達和瓦力，以及返回神域的巴多與霍獨爾成為眾神之園的統治者

斯露德／Þrúðr

希弗和索爾生的女兒。因其美貌而被名叫艾爾維斯的侏儒看上。曾經在索爾不在家的時候與艾爾維斯訂下婚約，有其不諳世故的一面

═══ 夫婦　—— 親子

索爾的僕從

希亞費／Þjálfi

因為弄傷替索爾拉戰車的山羊，而成為索爾僕從作為補償的農家子弟。他腳程迅速，還有面對巨人也毫不退縮的勇氣。所以索爾旅行經常會帶他同行，他也立下了許多功勞

蘿絲昆娃／Rǫskva

希亞費的妹妹。跟兄長一起成為索爾的僕從，但除此以外幾乎再無任何相關記述

關聯項目

◆奧丁→No.017
◆索爾→No.023
◆烏爾→No.030

◆芬葛尼爾→No.050
◆洛奇→No.057
◆侏儒（矮人）→No.063

提爾

Týr

提爾曾經是位居主神寶座的獨腕戰神。提爾喪失的不單單只是右手，也許還有其他許多東西都隨著他的右手喪失了。

● 獨腕戰神

提爾是北歐神話眾多神明當中起源最早最古老的一位。據說在**奧丁**信仰尚未崛起以前，他的地位就已經相當接近甚至形同於主神。事實上，提爾的名字從以前就一直是諸神的代名詞，還和其他幾位北歐主神同樣成為一個星期裡面「星期二（Tuesday）」的語源。

北歐神話裡的提爾擁有戰神、法庭守護者的神格。相傳他是奧丁之子，另一說法則指他是巨人**希米爾**之子，《史諾里愛達》說提爾是位非常大膽而且聰慧賢明的神，決定戰爭勝敗是他的管轄之一，《詩歌愛達》的〈希格德莉法的話語〉就記載「欲得勝利，那非得知曉勝利的魯納不可。將提爾之名鏤於劍柄、血溝或劍脊之上，然後唱誦提爾名諱兩次」。

所有提及提爾的神話當中，最有名的當屬擒捕巨狼**芬里爾**的神話：諸神對不祥的預言與日漸成長的芬里爾感到甚是恐懼，於是便假借遊戲玩耍的名義試圖擒拿牠。戒心頗重的芬里爾面對諸神的這番刺探，竟提出必須有人將右手放進自己嘴巴的條件，到最後，願意答應此要求的就只有從前負責照顧芬里爾的提爾而已。拜提爾的勇氣所賜，眾神這才終於成功擒住芬里爾、紛紛展露出安心的笑容，可是右手被芬里爾咬斷的提爾卻笑不出來，不但被烙上了「無能調停眾人」的烙印，終末戰役諸神黃昏之際更因為失去右手無法發揮實力，而只能跟加爾姆同歸於盡。

《詩歌愛達》的〈希米爾之歌〉也有描述到提爾曾經帶領**索爾**到父親希米爾所在之處。不過許多學者認為此處「提爾」一詞純粹只是「神」的意思，所指人物其實是**洛奇**才是。

古老的獨腕戰神——提爾

族　屬
阿薩神族

神　格
戰神 民會守護者 古代是天候神也是主神

解說

北歐神話的戰神。為擒捕巨狼芬里爾而失去右腕，並因此為世人所知。終末戰役諸神黃昏中，提爾對抗的是冥府的看門犬加爾姆，最後同歸於盡

特徵

多被描繪成沒有右手的戰士模樣。提爾膽大聰明，擁有決定戰爭勝負的能力

──── 持有物 ────
劍（名稱不明）

──── 主要相關神明與人物 ────
奧丁／索爾／希米爾／芬里爾

提爾角色定位的變化

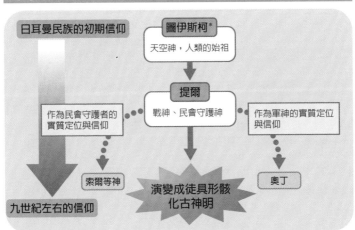

* 圖伊斯柯（Tuisco）：亦作圖伊斯托（Tuisto）。《日耳曼尼亞誌》第二章裡指為「所有日耳曼民族的祖先」的神名，根據日耳曼民族古代民歌分析，他們的祖先是大神曼努斯（Mannus）的三個兒子，而曼努斯是圖伊斯柯之子，圖伊斯柯則是地球之神厄爾思（Earth）的兒子。

關聯項目

◆奧丁→No.017　　　　　◆洛奇→No.057
◆索爾→No.023　　　　　◆芬里爾→No.058
◆希米爾→No.055

巴多

Baldr

巴多是遭到陰謀與惡意所陷而殞命的神界貴公子，不過他也在世界重生的同時得到復活。

● 深受眾神喜愛的貴公子

巴多亦稱「美麗者」，是主神**奧丁**和妻子**福麗嘉**所生的神界貴公子。〈欺騙吉魯菲〉說他是眾神當中最優秀的一位，相傳他的容貌美得像是會發光似的，有智慧、辯才無礙而且待人和善。然而或許正是因為性格和善所致，他的裁決似乎並非絕對不容動搖。根據〈葛林尼爾的話語〉記載，巴多在布列達布利克有間邸館，那個地方沒有任何災害存在。他與妻子楠娜有一子凡賽堤，而凡賽堤是位比父親更優秀的審判者。儘管巴多被說得如此優秀，但《詩歌愛達》和《史諾里愛達》裡卻幾乎看不到與他本身相關的神話；唯一以巴多為主進行描述的神話，講的也只有他的死亡而已。

巴多是受惡神**洛奇**陰謀陷害，而被胞弟霍獨爾拋出的槲寄生幼樹射死；因為他並非戰死，所以被送到了死者的女王**海爾**那裡。其妻楠娜承受不住喪夫之痛而死去，於是眾神便將楠娜連同巴多的坐騎、黃金手環特勞布尼爾和他的船靈舡*一併火葬。雖然後來眾神曾經試圖將巴多喚回現世，最終卻又再度因為洛奇的攪局而以失敗告終。無奈只能留在海爾轄地的巴多於是被賜予館邸與寶座，從此與妻子長住該地。不過傳說他在終末戰役諸神黃昏之後，就會與霍獨爾攜手一同復活。

巴多的這個故事，有人看成是經歷死亡後再度復活的豐饒神，也有人拿這個故事跟基督復活相比擬，諸多說法齊放爭鳴，不過至今仍無定論。此外，巴多在《丹麥人的業績》裡，則是以迷戀美女楠娜的好色半神身份出現。

---

* 靈舡（Hringhorni）：靈舡是北歐神話中屬於巴多所有的大船，相傳它比全世界的任何船隻都要來得大。《史諾里愛達》的〈欺騙吉魯菲〉說巴多死後，眾神原想用靈舡替巴多進行船葬，可是船體太重以致推不進海裡。眾神派使者前往喬登海姆找來女巨人希爾羅金幫忙；希爾羅金僅能稍稍推動靈舡，卻因為動作太粗暴而引起火花和地震，從而被發怒的索爾用雷神之鎚當頭打死。

光輝的神界貴公子——巴多

族　屬

阿薩神族

神　格

光明之神？
植物之神？

領　地

布列達布利克

（解說）

廣受眾人喜愛的奧丁之子。受陷於心懷嫉妒的惡神洛奇所施奸計，從而被胞弟霍獨爾擲出的槲寄生幼樹射死。終末戰役諸神黃昏之後，與霍獨爾一同復活

（特徵）

巴多擁有白色睫毛和散發耀人光輝的美麗容貌，辯才無礙而慈愛和善，相對地也因為優柔寡斷而偶有翻轉既定判決之舉。除槲寄生的幼樹以外，沒有任何物事能夠傷害他

持有物

靈舡（船）／愛馬（名稱不明）／特勞布尼爾（手環）

主要相關神明與人物

奧丁／福麗嘉／楠娜／凡賽堤／霍獨爾／赫摩德／洛奇／海爾

巴多之死與海爾提出的復活條件

巴多之死的來龍去脈

母親福麗嘉得知巴多將死的預言

⬇

走遍世界與萬物約定不可傷及巴多

⬇

福麗嘉覺得槲寄生的幼樹太過無害不須在意，因此唯獨漏了它

⬇

巴多因槲寄生幼樹殞命

巴多復活的條件

海爾的條件

倘若世界萬物，無論是仍在世者或是已死亡者，均為巴多哭泣，那海爾就願意放巴多回到地上

洛奇化成女巨人索克（Þökk），拒絕為巴多哭泣

復活失敗!!

關聯項目

◆奧丁→No.017
◆福麗嘉→No.033
◆洛奇→No.057
◆海爾→No.060

赫摩德

Hermóðr

敏捷的赫摩德乃是奧丁之子，曾經為尋回兄長巴多而踏上前赴冥府的旅途。

●往來於地上與死者國度之間的諸神使者

赫摩德亦稱「敏捷者」，是主神**奧丁**的兒子，可是他並不在史諾里·史特盧森《史諾里愛達》所舉出的十二位阿薩神族之列。他的名字首次出現在文獻裡，就是在兄長**巴多**遭惡神**洛奇**奸計所陷、眾神正深深體會到無力感的時候。

福麗嘉是眾神當中最快回過神來的一位，她為了要救回兒子，便向眾神召募志願者前往死者女王**海爾**的地盤交付贖金、帶回巴多，當時站出來接下這個任務的便是赫摩德。他向**奧丁**借得神馬**斯萊布尼爾**，然後就踏上通往死者國度的漫長旅途。

赫摩德在黑暗的山谷裡面前進九天，終於來到一條叫作吉歐爾的河畔。吉歐爾河有座裹著黃金的橋，橋頭有位名叫莫德古德的少女看守，少女告訴赫摩德說巴多和其他死者一行人已經通過黃金橋、走入海爾館邸。赫摩德聞言便也通過橋樑，朝著死者國度的中心地帶前進，在海爾館邸等著他的不是別人，正是找尋多時的兄長巴多。赫摩德先在那裡住了一晚，隔天便開始與海爾進行交涉。海爾先聽完赫摩德轉述地上阿薩神族諸神的悲嘆，跟著就提出了條件：「倘若世界萬物，無論仍在世者或是已死亡者，都為他哭泣，我就放他回阿薩神族」。

赫摩德認為交涉已經成功，跟巴多拿了手環特勞布尼爾、從其妻楠娜手上接過布匹和其他紀念品就踏上了歸途。

另外，也有古詩說赫摩德是負責接待英靈戰士的神明。

深入死亡世界的傳令神——赫摩德

族　屬
阿薩神族

神　格
奧丁的從屬神 奧丁的一個化身

解說

受母親福麗嘉請託前赴冥界進行交涉，欲使胞兄巴多復活的奧丁之子。赫摩德亦肩負在英靈殿迎接戰死英雄們的職責

特徵

被稱為「敏捷者」，敏捷的動作就是他的最大特徵。亦有說法指其為容光耀人的年輕人

持有物
奧丁所授盔甲頭盔（亦說得授盔甲者是同名的別人）

主要相關神明與人物
奧丁／福麗嘉／巴多／楠娜／海爾

赫摩德前往尼芙海爾的旅途

前往冥府的旅途

為與海爾交涉帶回巴多，赫摩德借來斯萊布尼爾以後，出發前往尼芙海爾

黑暗山谷與黃金橋

赫摩德在黑暗山谷裡面連續前進九天，抵達尼弗海姆的吉歐爾河。吉歐爾河有座黃金橋，橋頭有名少女看守

莫德古德

赫摩德對橋樑的看守者少女莫德古德講述前來此地的緣由，得其指引前往尼芙海爾的道路

與巴多再會、與海爾交涉

赫摩德抵達海爾館邸，經交涉後問出巴多復活的條件，取得巴多的贈物返回阿薩神域

關聯項目

◆奧丁→No.017
◆巴多→No.026
◆福麗嘉→No.033
◆洛奇→No.057
◆海爾→No.060
◆斯萊布尼爾→No.079

維達

Víðarr

維達是背負著討伐父親仇敵命運的神明，在那個時刻到來以前，他只是一味地保持著沉默。

●實力僅次於索爾的沉默之神

維達是主神**奧丁**跟女巨人葛麗德（Griðr）之子，也是少數從終末戰役諸神黃昏存活下來的神明之一。被稱為沉默之神的維達是眾神寄予期望、僅次於雷神**索爾**的實力派，可是卻鮮少使用他的力量，韜光養晦的態度甚是徹底，在《詩歌愛達》的〈洛奇的爭論〉裡面，當奧丁應惡神**洛奇**的要求，命令維達讓出座位的時候，他也只是淡淡地讓座，甚至還替洛奇倒酒。也正是因為如此，他才不必讓洛奇用惡言詈辭問候，這樣的性格在向來好爭血氣的北歐神明當中是極為罕見難得。從維達的住處亦可看出他的與眾不同，北歐諸神大多都有座氣派的館邸，唯獨他住在長滿雜草木的森林裡。

然而維達絕對不單只是個寡言而文靜的神明，有說法認為他只是藉著立下恪守沉默的誓言，為最後的戰役儲蓄力量而已。實際上，一般認為他其實早就知道自己在諸神黃昏裡該扮演什麼角色；《詩歌愛達》的〈葛林尼爾的話語〉裡，他就曾經在他的森林高聲宣言要替父親報仇。此外，他也事先就為諸神黃昏一役準備好了一雙又重又硬的皮靴，這雙皮靴是蒐集許多人類做鞋子時捨棄不要的三角形皮革拼湊製成，就是因為穿了這雙靴子，他才得以撕裂將父親奧丁吞下肚的巨狼**芬里爾**的嘴，一報父仇。

儘管諸神在接下的戰事當中一個個倒下，維達卻仍存活了下來，甚至還有說法認為即便是把世界燒個精光的蘇爾特之焰，也不能傷及他。維達看著世界滅亡與再生，然後與復活的**巴多**等人一起成為新世界的神。

保持沉默的神──維達

族　屬
阿薩神族

神　格
沉默之神 森林之神？

領　地
維迪（Vidi，森林）

解說

主神奧丁和女巨人葛麗德之子。他打倒巨狼芬里爾，成功為奧丁報仇，並且從其後的終末戰役諸神黃昏中存活下來，成為新索神的一員

特徵

擁有僅次於雷神索爾的實力，以及可承受諸神黃昏中燒盡世界之業火的強健肉體。維達被稱為沉默之神，據說他很少說話

持有物
劍（名稱不明）／馬（名稱不明）／蒐集人類不要的皮革製成的皮靴

主要相關神明與人物
奧丁／葛麗德／瓦力／芬里爾

維達的皮靴和北歐民族

人類

製作皮靴時碎皮料

維達

利用碎皮料製作出不怕芬里爾利牙的堅固皮靴

異教時代的北歐相信，製作皮靴時多出來的碎皮料會成為維達製作將來在諸神黃昏時所穿皮靴的材料。是故，相傳北歐民族製靴時會將多出來的碎皮料丟棄，並祈禱維達能夠戰勝芬里爾

維達的皮靴

關聯項目

◆奧丁→No.017
◆索爾→No.023
◆巴多→No.026
◆洛奇→No.057
◆芬里爾→No.058

海姆德爾

Heimdallr

比夫羅斯特是連接阿薩神域與大地的彩虹橋，而駐守者海姆德爾也是人類的始祖。

●眾神的門房、人類的始祖

海姆德爾是駐守於連接大地與**阿薩神域**的彩虹橋比夫羅斯特的諸神門房。他住在比夫羅斯特底下一個名叫西敏堡（Himinbjörg）的館邸，並且將會在終末戰役諸神黃昏中吹響名為賈拉紅（Gjallarhorn）的號角。根據《史諾里愛達》記載，他是位又稱「白色阿薩神」的偉大神聖神明，是主神**奧丁**與九位海精靈所生。他有一口黃金打造的牙齒，還被讚為是全**阿薩神族**最漂亮的牙，此外還擁有極佳的視力與聽力，百哩外的物事無論晝夜都能看得清清楚楚，地面小草或是羊毛生長的聲音全都逃不過他的耳朵，而且他的睡眠時間比鳥類還要少。

這些超人的能力據說是他拿一隻耳朵跟巨人密米爾換來的，其目的想必是為執行高難度的任務吧！從《詩歌愛達》的〈洛奇的爭論〉裡，就能看見他尚未取得這些能力以前有多麼辛苦。

雖然海姆德爾是以眾神的門房而聞名，但《詩歌愛達》的〈里格之歌〉（Rígsþula）卻說他也是人類的始祖。從前海姆德爾曾經以里格（Rígr）之名遊歷人類世界，跟三對夫婦相交，成為王侯、自由民和奴隸這三個階級的祖先。《詩歌愛達》的〈女先知的預言〉也描述到巫女以「海姆德爾的孩子們」稱呼徒徒聽眾，可見這個想法在當時似乎相當普遍。

海姆德爾最後是在諸神黃昏當中與惡神**洛奇**同歸於盡，當時他的致死原因極為奇怪，竟是人類的首級。根據殘缺不全的資料記載，海姆德爾跟洛奇早在以前就因為爭奪**菲依雅**的首飾而變成海豹打過一場，原本就是死對頭了。

眾神的門房──海姆德爾

族　屬
阿薩神族

神　格
眾神的門房 人類階級社會的始祖

領　地
西敏堡

解說

把守彩虹橋比夫羅斯特的看守者。跟惡神洛奇勢成水火，終末戰役諸神黃昏中與洛奇同歸於盡。傳說人類的階級社會是由他的子孫衍生而成

特徵

擁有驚人的聽力與視力，睡眠時間也很少。有一口黃金的牙齒，亦稱「白色阿薩神」

持有物
賈拉紅（號角）/古爾托普（Gulltoppr，馬）/海姆德爾的頭（劍）

主要相關神明與人物
奧丁/九位海精靈/洛奇

里格（海姆德爾）與人類的階級

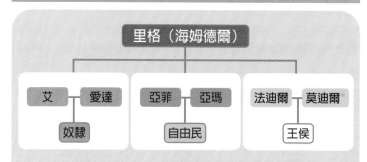

里格（海姆德爾）

艾 — 愛達	亞菲 — 亞瑪	法迪爾 — 莫迪爾
奴隸	自由民	王侯

> 海姆德爾以里格為名遊歷人類世界時，曾經在三對夫婦家中各停留三天，三人同寢生下孩子，而「里格之歌」便說他們的子孫便是後世階級社會的肇始

* 法迪爾～莫迪爾：這三對夫婦分別是奴隸的始祖艾（Ái，曾祖父）、愛達（Edda，曾祖母），自由民的祖先亞菲（Afi，祖父）、亞瑪（Amma，祖母）和王侯的祖先法迪爾（Faðir，父親）、莫迪爾（Móðir，母親）。

關聯項目

◆阿薩神域→No.010　　　◆菲依雅→No.044
◆阿薩神族→No.016　　　◆洛奇→No.057
◆奧丁→No.017

烏爾

Ullr

烏爾是體內流著巨人血液的狩獵之神，其實力之堅強，足堪勝任主神之位、君臨統領諸神。

●無人堪與比肩的狩獵之神

狩獵之神烏爾乃是雷神**索爾**的繼子，另說他是巨人與索爾之妻希弗所生。根據《史諾里愛達》的〈欺騙吉魯菲〉記載，烏爾是舉世無雙的神射手，也是滑雪好手。其次，他擁有遺傳自母親的美貌，同時還是位優秀的戰士，甚至還是戰士之神，相傳在決鬥之際向烏爾祈禱，就會有好結果。《詩歌愛達》說烏爾的館邸建在由達利爾，關於其配偶並無記載，不過有傳說指出他曾經在**史卡姬**與**尼爾德**分居後娶她為妻。從以上文獻可以發現烏爾在北歐神話裡並不是非常受到重視，不過〈葛林尼爾的話語〉和古詩集《阿特利之歌》（Atlakviða）等幾筆資料卻留有其他地位曾經相當接近於主神的記述，根據這些文獻記載，從前的民眾在決定重要事情的時候都會以烏爾之名宣誓。

此外，《丹麥人的業績》所描繪的烏爾形象則與《詩歌愛達》或《史諾里愛達》截然不同。《丹麥人的業績》當中的烏爾就是歐雷爾斯（Ollerus），是位堪與**奧丁**相匹敵的神明；他在奧丁因為玷污諸神威光遭到放逐以後，以其後繼者身份被居住在拜占庭的眾神選為領袖。歐雷爾斯雖然以第二個奧丁的身份君臨於眾神，可是他的榮耀卻並不長久；因為隨著時光的流逝，奧丁的罪衍受到赦免後，卻輪到歐雷爾斯被奧丁放逐。歐雷爾斯試圖逃往瑞典，打算從那裡收復失土，可是他的努力掙扎終究是場空，最後死於丹麥人之手。

擅於狩獵的索爾繼子——烏爾

族 屬
阿薩神族

神 格
狩獵之神
決鬥之神
民會之神

領 地
由達利爾

解說
烏爾是希弗跟巨人所生的索爾繼子，是位在《愛達》裡面幾乎毫無相關記錄的古老神明，如今亦僅有《丹麥人的業績》留下些許烏爾信仰的痕跡而已

特徵
烏爾是弓箭和滑雪的高手，還有遺傳自母親的美貌。根據《丹麥人的業績》記載，他甚至能夠乘著骨頭（雪板）渡海

—— 持有物 ——
弓／雪板

—— 主要相關神明與人物 ——
奧丁／索爾／希弗

《丹麥人的業績》裡的烏爾

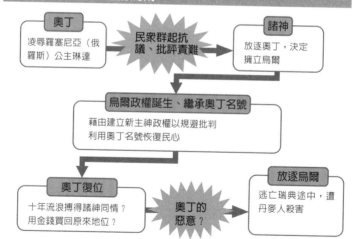

奧丁
凌辱塞尼亞（俄羅斯）公主琳達

民眾群起抗議、批評責難

諸神
放逐奧丁，決定擁立烏爾

烏爾政權誕生、繼承奧丁名號
藉由建立新主神政權以規避批判
利用奧丁名號恢復民心

奧丁復位
十年流浪搏得諸神同情？
用金錢買回原來地位？

奧丁的惡意？

放逐烏爾
逃亡瑞典途中，遭丹麥人殺害

關聯項目

- ◆奧丁→No.017
- ◆索爾→No.023
- ◆尼爾德→No.041
- ◆史卡姬→No.048

布拉基

Bragi

布拉基是北歐諸神的第一詩人，他是位愛好和平不喜爭鬥的神明。

●愛好和平的詩歌之神

相傳詩歌之神布拉基乃是奧丁之子，儘管亦有說法指其生母乃是負責看守**詩蜜酒**的女巨人耿雷姿，不過《詩歌愛達》和《史諾里愛達》均無明確的記述足以斷言兩者間的關係。

根據《史諾里愛達》的〈欺騙吉魯菲〉記載，布拉基是著名的絕頂聰明，而且有雄辯之才、善於遣詞用句。正如《詩歌愛達》的〈葛林尼爾的話語〉讚其為詩人魁首，布拉基尤其精通詩藝，據傳從前的北歐均承引其名，而將詩歌與詩人喚作「布拉基」。同樣在《史諾里愛達》的〈詩語法〉裡面，布拉基則是因為蓄有長鬚而被喚作「長鬚之神」，另外從《詩歌愛達》的〈希格德莉法的話語〉也可以讀到布拉基的舌頭刻有**魯納文字**、他說的話帶有某種魔力的記載。

或許是因為詩歌之神的身份，布拉基並不喜歡戰爭，是故在《詩歌愛達》的〈洛奇的爭論〉裡，才會屢屢遭惡神**洛奇**數落說是「所有阿薩神族和愛爾芙（精靈）當中，就屬你這傢伙最怯戰、最怕刀槍弓箭」或是「椅子上的裝飾品」。

除詩歌之神這個身份以外，布拉基還被交付替諸神迎接訪客和迎接**英靈戰士**的工作；他在古詩集《埃里克的話語》（Eiríksmál）和《哈康的話語》（Hákonarmál）裡就曾奉奧丁命令出迎英靈戰士，也曾在〈詩語法〉裡招待過海神**阿戈爾**。

除此之外，今日學界的研究者則是認為布拉基應是九世紀**吟唱詩**詩人布拉基・博達生（Bragi Boddason）神格化而成，抑或是奧丁的別名遭誤用，從而獨立出來的神明。

愛好和平的長髯詩神——布拉基

族　屬
阿薩神族

神　格
詩藝之神 來訪客人的接待員

傳為奧丁之子的詩藝之神。《史諾里愛達》和幾首古詩都將招待造訪阿薩神域或英靈殿來客的職責歸於布拉基

特徵
正如其「長髯之神」稱號，布拉基多被描繪成一位蓄著長髯的初老男性。性格不喜戰爭，因而惡神洛奇喚作膽小鬼

所有物
劍／馬／手環（均為布拉基自稱，是否真持有這些物品不得而知）

主要相關神明與人物
奧丁／伊登／赫摩德

布拉基的真面目

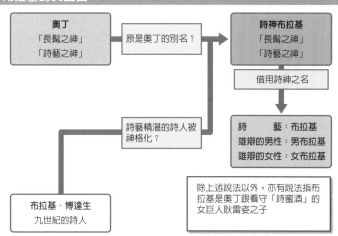

奧丁「長髯之神」「詩藝之神」──原是奧丁的別名？──詩神布拉基「長髯之神」「詩藝之神」──借用詩神之名

詩藝精湛的詩人被神格化？

詩　藝：布拉基
雄辯的男性：男布拉基
雄辯的女性：女布拉基

布拉基·博達生 九世紀的詩人

除上述說法以外，亦有說法指布拉基是奧丁跟看守「詩蜜酒」的女巨人眈雷姿之子

關聯項目

◆英靈戰士→No.020　　◆魯納文字→No.073
◆阿戈爾→No.056　　◆詩蜜酒→No.076
◆洛奇→No.057　　◆吟唱詩與代稱式隱喻→No.106

其他男神

北歐神話裡另外有些鮮少特別描述的神明，究竟他們都是些什麼樣的存在呢？

●奧丁的眾兄弟與兒女

除先前介紹的諸神以外，**阿薩神族**尚有其他許多神明存在。威利和菲是主神**奧丁**的兄弟，他們兩位正是當初殺死原初巨人**伊米爾**、創造世界與人類的神明。然而他們卻趁奧丁不在的時候對其妻福麗嘉恣意妄爲、玩弄王權，因而遭奧丁從神明寶座驅逐。

阿薩神族與華納神族談和期間被當作人質的海尼爾雖然外形出眾，其實卻是個萬事由人的草包；雖然激怒了華納神族，不過卻也因此得以留在華納海姆，避過了終末戰爭諸神黃昏。其實他本來是位相當有能力的神，《詩歌愛達》的〈女先知的預言〉就說當初跟奧丁、洛德共同創造出人類的便是海尼爾。至於洛德這位神明在北歐神話再無其他記述，北歐經常將他跟惡神**洛奇**視爲是同一人。

光明神巴多之子凡塞堤的裁決能使萬人心服，該要算是某種審判之神。是故，據傳任何人只要有爭執來到他的館邸格利特尼爾求助，無論眾神抑或人類全都能達成和解，接受調停的結果回家去。凡塞提的叔父盲目之神霍獨爾因爲殺害巴多而經常被視爲不祥之神，但其實他的犯行有很大部分是洛奇所造成，相傳他將會在諸神的黃昏之後跟巴多一起復活。

瓦力則是奧丁爲殺死霍獨爾而與巨人之女琳德生的兒子，他長於弓術，誕生未甫便殺害霍獨爾、成功替巴多報了仇。瓦力也是得以從諸神黃昏中活下來的眾神之一，相傳後來的新世界就是由瓦力、沉默之神**維達**、雷神**索爾**的孩子，以及前述的海尼爾和巴多、霍獨爾等人共同統治。

北歐神話提及的其他男神

```
                    包爾 ━━━ 貝絲特拉（Bestla）
                     ┃
         ┏━━━━━━━━━┳━━━━━━━━┻━━━┓
     威利、菲／Vili, Vé   福麗嘉 ═══ 奧丁 ═══ 琳德
```

威利、菲／Vili, Vé

奧丁的兄弟。《史諾里愛達》說他們倆跟奧丁合力殺死伊米爾，創造出世界與人類。《挪威王列傳》說他們趁奧丁不在時篡奪王位與其妻福麗嘉，卻在奧丁返回後遭到驅逐

瓦力／Váli

奧丁為替巴多報仇而與巨人之女琳德生的兒子。相傳他在成功討伐巴多仇敵前既不梳髮也不洗手，是位勇猛的戰士，也是位神射手。後來他與胞兄維達從諸神黃昏存活下來，成為新眾神的其中一員

```
         楠娜 ═══ 巴多              霍獨爾／Hǫðr
```

凡塞堤／Forseti

巴多與楠娜之子。凡塞堤住在名為格利特尼爾的館邸裡，負責就諸神和人類的爭執進行仲裁。其仲裁往往能使所有人滿意、達成和解。相傳挪威南部多奉凡塞堤為民會之神信仰

霍獨爾／Hǫðr

傳為巴多胞弟的盲目之神，據說擁有強大神力。受陷於惡神洛奇奸計，意外以巴多的唯一弱點槲寄生幼樹擲向巴多、將其殺害。雖然後來為瓦力所殺，但他也將在諸神黃昏過後與巴多一起復活。霍獨爾在《丹麥人的業績》裡，則是以英雄霍特爾斯的身份對抗覬覦自己未婚妻的半神巴多

═══ 夫婦 ━━━ 親子

與奧丁同行者

海尼爾／Hoenir

《詩歌愛達》的〈女先知的預言〉記與奧丁共同創造出人類的神明，經常與奧丁同行遊歷。《挪威王列傳》則將其形容成送給華納神族做人質的無能神明。諸神黃昏過後從華納海姆返回阿薩神域

洛德／Lóðurr

《詩歌愛達》的〈女先知的預言〉記與奧丁共同創造人類的神明。除此以外再無相關記錄，被認為很可能就是經常與奧丁同行遊歷的惡神洛奇

關聯項目

◆阿薩神族→No.016　　　　　◆維達→No.028
◆奧丁→No.017　　　　　　　◆伊米爾→No.046
◆索爾→No.023　　　　　　　◆洛奇→No.057

福麗嘉

Frigg

福麗嘉是奧丁的妻子。她似乎跟丈夫同樣也是位無法以單一性格理解的神明。

● **擁有各種不同性格面向的眾神女王**

　　福麗嘉是奧丁之妻，也是人稱「阿薩神和阿薩女神的女王」的女神。她是英語文化圈「星期五（Friday）」的語源，其地位在眾女神當中極高。據〈欺騙吉魯菲〉記載，據說她住在名為芬薩裡爾的豪華館邸，雖然她自己不說，卻跟奧丁同樣知曉人類的命運，同時也是司掌生產的女神，在《佛爾頌薩迦》（Völsungasaga）就曾經將可獲子嗣的蘋果送給為不孕症所惱的匈人*國王利里爾夫妻。除此以外，她也是能夠變身成老鷹的寶物飛鷹羽衣的持有者。儘管福麗嘉亦稱「眾神之母」，但她最鍾愛的仍舊是自己的兒子巴多。因此當知道巴多將死的命運時，她不辭辛勞也要親往拜訪世間所有物事、跟萬物約定不可傷害巴多，唯獨漏了槲寄生的幼樹。此外，當巴多受惡神洛奇計策陷害而死之際，她也不惜用盡所有辦法，只求能把巴多帶回，可惜最終還是因為洛奇的妨礙而失敗。

　　按照前述內容看來，福麗嘉可謂具有相當強烈的慈母形象，但其實福麗嘉亦擁有不同的性格面向。在《詩歌愛達》的〈葛林尼爾的話語〉裡，她就曾經使奧丁與其養子失和，還讓奧丁受到拷問。除此以外，亦有眾多資料記載她曾經在奧丁長期離開阿薩神域的期間，跟奧丁的兩個兄弟有過關係。更有甚者，就連她的父親弗若金（Fjörgynn）也是她的情人。《丹麥人的業績》裡，她的作法就更是極端，曾經為了要製作黃金首飾而與僕人發生關係，並命其破壞按照丈夫模樣塑造的黃金神像。據說這件事給奧丁的打擊甚鉅，讓奧丁在福麗嘉過世以前，再也不曾返回故國。

---

* 匈人（Hun）：匈人是古代生活在歐亞大陸的遊牧民族在漢語中的稱呼。他們在四世紀西邊到歐洲東部，並入侵東、西羅馬帝國。現代中文書籍有時也把他們稱為「匈奴人」，但和中國古代的匈奴是否有血緣關係或是相同民族尚無定論。

賢明的眾神之母——福麗嘉

族　屬
阿薩神族

神　格
眾神之母 生產女神 古代是豐饒女神

領　地
芬薩裡爾（館邸）

解說

福麗嘉是主神奧丁正妻，也是君臨眾神的女王。擁有不辭辛勞為巴多奔走的慈母形象，但相反地卻也有其女性恐怖的一面

特徵

擁有探知人類命運的能力，卻不去說人命運。身穿白色或灰色衣服，頭戴青鷺羽冠、纏金腰帶

持有物
飛鷹羽衣／子嗣蘋果

主要相關神明與人物
奧丁／巴多／芙拉／福琳／葛娜

福麗嘉的各個性格面向

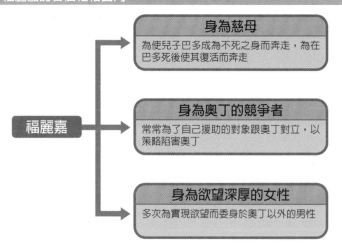

福麗嘉

身為慈母

為使兒子巴多成為不死之身而奔走，為在巴多死後使其復活而奔走

身為奧丁的競爭者

常常為了自己援助的對象跟奧丁對立，以策略陷害奧丁

身為欲望深厚的女性

多次為實現欲望而委身於奧丁以外的男性

關聯項目

◆奧丁→No.017　　　　　◆洛奇→No.057
◆巴多→No.026

福麗嘉座下女神

福麗嘉被尊為眾神之母，座下有許多替她代行意志的諸多女神侍奉。

●侍奉眾神之母的侍女

根據《史諾里愛達》的〈欺騙吉魯菲〉記載，眾神之母**福麗嘉**底下有形形色色的女神服侍她，其中堪稱代表的當屬女神芙拉。芙拉是史諾里所舉出的十二位**阿薩神族**女神之一，是位擔任福麗嘉侍女的處女神，負責管理福麗嘉的長櫃和衣物，相傳她垂著一頭長髮，佩戴黃金首飾或髮帶。芙拉跟福麗嘉感情好到可以互通祕密，《詩歌愛達》的〈葛林尼爾的話語〉也說芙拉曾經為陷害主神**奧丁**而暗地奔走活動。此外，相傳芙拉跟**巴多**之妻楠娜也很親近，楠娜去尼芙海爾之前，還曾經贈送她一只戒指做為紀念。此外從〈第二梅澤堡咒文〉（The Second Merseburg Charm）的記述可以發現，也有人認為芙拉是福麗嘉的姐妹。

●其他女神

女神福琳同樣也是位負責服侍福麗嘉的女神，不過除〈欺騙吉魯菲〉以外就幾乎再也找不到與她有關的記錄。好不容易在《詩歌愛達》的〈女先知的預言〉發現福琳的名字，可是一般認為文中所指的其實應該是福麗嘉才是。福琳的工作便是要當那些福麗嘉甘冒危險也要幫助的人們的監護者，相傳也正是因為這個緣故，北歐才會藉她的名字將寧願自陷險境也要幫助別人的行為喚作「福萊尼爾」。

女神葛娜的相關記錄同樣亦不得見於〈欺騙吉魯菲〉以外的文獻。她的職掌便是擔任福麗嘉的使者，替福麗嘉來回奔馳於全世界各地，所以葛娜也有匹能夠遨遊於天空和大海的飛馬霍瓦爾普尼爾（Hófvarpnir）。傳說從前**華納神族**看見葛娜飛過天際的時候，還曾經問她究竟是何方神聖。

侍奉福麗嘉的女神

芙拉／Fulla　持有物：福麗嘉的長櫃、黃金首飾（髮帶？）

擔任福麗嘉侍女的處女神，負責管理福麗嘉的長櫃和衣物。她跟福麗嘉的關係好到可以共享祕密，福麗嘉許多陰謀都有芙拉在背後幫手。另說芙拉是福麗嘉的胞妹

福琳／Hlín　持有物：不明

侍奉福麗嘉的其中一位女神。負責守護福麗嘉想要幫助的人類，亦有說法指福琳其實只是福麗嘉的其中一個化身

葛娜／Gná　持有物：能遨遊天空與大海的飛馬霍瓦爾普尼爾

侍奉福麗嘉的其中一位女神。擔任福麗嘉的傳令神，奔馳於全世界

福麗嘉與眾女神的關係

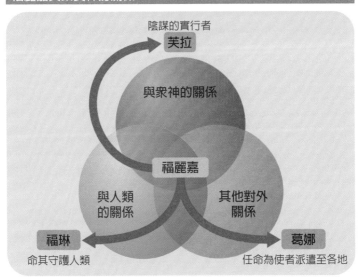

陰謀的實行者
芙拉

與眾神的關係

福麗嘉

與人類
的關係

其他對外
關係

福琳
命其守護人類

葛娜
任命為使者派遣至各地

關聯項目

◆阿薩神族→No.016
◆奧丁→No.017
◆巴多→No.026
◆福麗嘉→No.033
◆華納神族→No.040

伊登

Iðunn

伊登是負責保管永保青春蘋果的女神，神話中所述綁架伊登和將她奪回的故事，想必講述的就是季節的變化遷徙吧。

● 帶給眾神永恆青春的女神

　　伊登是詩神**布拉基**的妻子。根據《史諾里愛達》記載，她是使眾神得以永保青春的魔法蘋果的管理者，相傳她很小心地把這顆蘋果保管在梣木箱裡。伊登似乎對這顆蘋果非常自傲，甚至還曾經因為惡神**洛奇**說自己發現比她的蘋果還要好的東西而上當受騙，遭巨人**夏基**擄去；而這顆蘋果似乎也只有伊登才能保管，當她被擄走時，眾神就曾經急速衰老，陷入大混亂。

　　儘管伊登是如此重要的女神，跟她有關的記載卻是極少。除前述的夏基綁架伊登事件以外，也僅有《詩經愛達》的〈洛奇的爭論〉記載洛奇痛罵她「所有女人裡面就屬妳是第一淫婦，竟敢用妳那洗得乾乾淨淨的手腕去抱那個殺死妳兄長的男人」而已。根據這段記述我們至少可以斷定伊登有個哥哥，且曾經跟殺死自己哥哥的人發生過關係，不過此人究竟是她的丈夫布拉基抑或是他人，就沒有記錄了。

　　因為這則故事，伊登也被指為跟《詩歌愛達》中〈史基尼爾之旅〉裡的巨人之女**葛德**有所關聯。葛德跟伊登同樣兄長遭人殺害，而她也曾經把永保青春的魔法蘋果當作婚約證物交了出去，是故亦有人認為這兩者很可能根本就是同一位女神。

　　再者，也有人把跟她相關的一系列神話解釋為是某種寓有豐饒意涵的故事：伊登被巨人夏基擄去意謂著冬天的到來，當她再度回到眾神身邊，就是春天來臨的時候。

魔法蘋果的守護者──伊登

族　屬
阿薩神族

神　格
青春女神？ 春之女神？

解說

伊登是詩神布拉基之妻，是負責保管永保青春的蘋果的女神。亦有說法認為伊登遭綁架的一系列神話意謂著季節的移徙變化

特徵

伊登是有雙彷彿會發亮的雪白手腕的女麗女性，性格誠實，深得眾神信用。然而她卻也被說是「擁抱殺兄凶手的淫婦」

持有物
永保青春的蘋果 / 保存蘋果的梣木箱

主要相關神明與人物
布拉基 / 洛奇 / 夏基 / 葛德

伊登與葛德的共通點

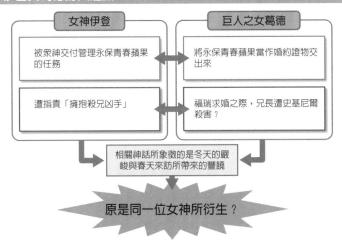

女神伊登

被眾神交付管理永保青春蘋果的任務

遭指責「擁抱殺兄凶手」

巨人之女葛德

將永保青春蘋果當作婚約證物交出來

福瑞求婚之際，兄長遭史基尼爾殺害？

相關神話所象徵的是冬天的嚴峻與春天來訪所帶來的豐饒

原是同一位女神所衍生？

關聯項目

◆布拉基 →No.031　　　◆葛德 →No.049
◆夏基 →No.047　　　　◆洛奇 →No.057

葛馮

Gefjun

葛馮是丹麥的守護神，以偷取國土神話而聞名的她，究竟是位什麼樣的女神呢？

●為達目的不擇手段的女神

葛馮是**阿薩神族**的女神，相傳她跟主神**奧丁**同樣知曉人類的所有命運。《史諾里愛達》的〈欺騙吉魯菲〉說她是位處女神，以處女之身死亡的死者都要侍奉她。不過，這段記述卻有些可疑之處，因為《詩歌愛達》的〈洛奇的爭論〉就說葛馮曾經為了要得到首飾而與某個男性共渡一夜。由此看來，葛馮似乎是位只要能達到目的，便能毫不猶豫利用自己肉體的女神。《挪威王列傳》序章〈英林加薩迦〉和〈欺騙吉魯菲〉也都記載足以佐證此說法的逸聞。

●葛馮與吉魯菲王

與**華納神族**的戰爭告一段落後，奧丁滿腦子都被擴張新領土的欲望盤據不去，於是便派遣葛馮去瑞典吉魯菲王之身邊。葛馮與國王共度了一夜，並得到承諾說可以得到她有能力耕作的土地作為報酬，但這其實是葛馮的計策，雙方剛約定好過沒多久，葛馮便去到巨人之國**喬登海姆**，跟巨人生下了四個孩子，接著又用魔法把這些孩子變成巨大的公牛，讓牠們拖著犁具，把她看中的土地連根拔起取走。相傳後來她在某塊名叫歇蘭（西蘭島*）的土地住了一段時間，不過她跟奧丁之子斯基爾德（Skjöldr）結婚後又移居丹麥的萊爾（Lejre），並於該地成為王室家族斯基爾汀家（Skjölding）的始祖。此外，亦有人因為首飾的故事而將葛馮視同為**菲依雅**，又因為同樣擁有知悉命運能力而將其視同為**福麗嘉**。

---

* 西蘭島（Zealand Island）：丹麥第一大島，分別被大貝爾特海峽和厄勒海峽將其與菲英島和斯科訥地區分隔。丹麥首都哥本哈根就位於西蘭島東岸。

長於計策的女神──葛馮

族　屬
阿薩神族

神　格
處女神
丹麥的守護神

解說

處女死後的統治者，知曉人類命運的女神。她依奧丁命令籠絡瑞典國王吉魯菲，奪得一整個島嶼的豐沃土地

特徵

相傳葛馮與奧丁、福麗嘉同樣知悉人類的所有命運

持有物

首飾

主要相關神明與人物

奧丁／吉魯菲

奪取西蘭島

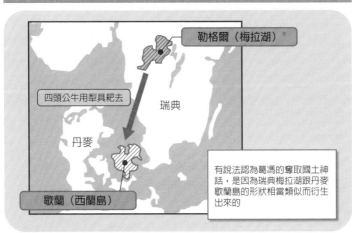

勒格爾（梅拉湖）*

四頭公牛用犁具耙去

瑞典

丹麥

歇蘭（西蘭島）

有說法認為葛馮的奪取國土神話，是因為瑞典梅拉湖跟丹麥歇蘭島的形狀相當類似而衍生出來的

* 勒格爾（Løgrinn）：梅拉湖（Mälaren、Lake Malar）之古名。位於瑞典東部，是該國僅次於維納恩湖（Vänem）和韋特恩湖（Vättern）的第三大湖。

諾恩

Norn

諾恩是群負責決定命運的女神，就連眾神也無法違逆她們所做出的決定。

●決定眾人命運、難以違抗的眾女神

諾恩指的是北歐神話裡面決定眾人命運的女神，其複數形寫作諾尼爾（Nornir）。《詩歌愛達》中〈法夫尼爾的話語〉記載，諾恩的成員並不僅限於眾神，而是由包括**愛爾芙（精靈）**、**侏儒（矮人）**等各階級出身者所組成。除此以外，儘管全體成員一概叫作諾恩，但其中還是有好有壞，據說善良的諾恩會使人幸運，壞的諾恩則是會給人帶來噩運。《詩歌愛達》的〈希格德莉法的話語〉又記載，她們的指甲都刻著魯納文字。

諾恩都是三人一組行動，使用黃金絲線決定人們的命運。三人當中的兩個人性格善良、常給人帶來幸運，第三位卻往往會陷人於噩運。《諾娜葛斯特的故事》（Norna-Gests þáttr）和《丹麥人的業績》就記載了許多人被這些諾恩賦予多舛命運的故事。

所有諾恩當中最著名的，當屬烏爾德（命運）、貝爾丹迪（存在）、詩寇蒂（必然）三姐妹，有別於向來的諾恩，她們是在木片篆刻文字來決定眾人的命運。她們的決定非常強大，甚至連眾神也無法逃脫她們決定的命運。是故，亦不乏有人懷疑《詩歌愛達》裡〈女先知的預言〉所指粉碎眾神黃金時代的三位巨人之女，指的其實就是她們姐妹三人。

這三姐妹在世界樹**伊格德拉西爾**樹根所及的烏爾德之泉水畔有座美麗的館邸，並且定居於此，她們就在這裡汲取烏爾德之泉的白泥，養護遭各種動物啃食的伊格德拉西爾，以防止世界樹枯萎。

支配命運的女神——諾恩

族　　屬
阿薩神族？

所在地
命運女神

領　　地
烏爾德之泉畔的館邸

解說

諾恩是決定眾人命運的女神，跟狄絲、瓦爾姐基麗妲亦有關聯性。烏爾德、貝爾丹迪、詩寇蒂三姐妹最為有名

特徵

指甲刻有魯納文字的女性，出身階級包括愛爾芙（精靈）和侏儒（矮人）等各不相同。擁有決定他人命運的能力

諾恩的職務

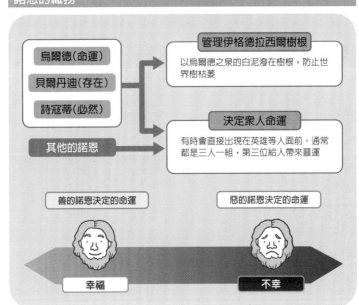

烏爾德（命運）
貝爾丹迪（存在）
詩寇蒂（必然）

管理伊格德拉西爾樹根

以烏爾德之泉的白泥潑在樹根，防止世界樹枯萎

其他的諾恩

決定眾人命運

有時會直接出現在英雄等人面前。通常都是三人一組，第三位給人帶來噩運

善的諾恩決定的命運

惡的諾恩決定的命運

幸福

不幸

關聯項目

◆伊格德拉西爾 →No.015　　◆愛爾芙（精靈）→No.064
◆侏儒（矮人）→No.063

No.038

其他女神

神通廣大的女神在北歐神話的世界裡特別顯眼、引人注目，但其實北歐神話也有各式各樣跟生活非常密切的女神存在。

● 活躍於各種領域的諸位女神

跟男性神明同樣，北歐神話也有許許多多的女神。首先就讓我們從《史諾里愛達》記載的女神開始介紹。

相傳薩迦女神住在某個名叫索克瓦貝克的館邸裡，《詩歌愛達》的〈葛林尼爾的話語〉說她會愉快地用黃金酒杯跟主神**奧丁**飲酒，因此薩迦有可能是奧丁之妻**福麗嘉**的別名，不然就是奧丁其中一位情人。接下來的艾伊爾是位優秀的醫生，她也跟薩迦同樣除此以外便再無相關記載。修芬是位讓男男女女傾心於愛情的女神，據說「戀愛」此語便是沿用她的名字而喚作「修芬」。羅芙也是位跟戀愛有關的女神，她對人類的祈願非常親切，也因此獲得奧丁與福麗嘉交付替男女牽引姻緣的工作，她的神力效果極強，無論是被禁止的戀情抑或是曾經遭到對方拒絕，也完全不成問題。華爾是在男女姻緣牽成以後負責傾聽男女所交換誓言的女神，她的性格似乎很嚴格，會對打破誓言的人進行報復。接下來的斯洛特拉很是賢明，言行舉動無不是優美風雅，因此北歐也將恪守分際的男女稱呼為「斯洛特拉」。弗爾是賢明而好思索的女神，她似乎是位所有事情在她面前均無所遁形、擁有女性愛聊八卦性格的神明。席恩是看守門扉的女神，負責關門好讓不該進入的對象無法通過，同時也是司掌民會中辯護行為的女神，從前北歐人在民會裡就會說「席恩」以表示否定訴訟之意。

北歐還另有狄絲和弗爾加（Fylgja）等女神，也是民眾信仰的對象。她們都是命運女神，不過往往都被描繪成會給人帶來噩運的女神。

北歐神話提及的其他女神

與日常生活有關的女神

艾伊爾／Eir

醫術女神。異教時代的北歐均是由女性負責執行醫術，艾伊爾很可能就是從而衍生的神明

弗爾／Vǫr

聰明而好思索的女神。北歐把女性發現什麼事情就叫作「弗爾」

席恩／Syn

看守門扉、司掌民會辯護行為的女神。北歐因此將對訴訟的否定稱作「席恩」

狄絲／Dís

北歐的命運女神。亦可作為女神之總稱使用。帶給人的通常是充滿惡意的命運，是獻牲祭儀的對象

與男女關係有關的女神

修芬／Sjǫfn

讓男女傾心於愛情的女神，故北歐亦以其名稱呼戀愛為「修芬」

華爾／Vár

司掌男女交換盟誓的女神。婚禮時都要向她獻祈禱。秉性嚴格，會對違背誓言者進行報復

羅芙／Lofn

性格溫和、對祈願者很親切的女神。也因為她的這種性格，才會被奧丁和福麗嘉交付替男女牽引姻緣的工作

斯洛特拉／Snotra

賢明而行止優雅的女神。北歐將恪守分際的男女喚作「斯洛特拉」

其他女神

薩迦／Sága

薩迦女神住在浮沉於冰冷海浪間的館邸索克瓦貝克。相傳她就是在那裡愉快地拿著黃金酒杯與奧丁共飲

關聯項目

◆奧丁→No.017　　　　　　　◆福麗嘉→No.033

娑爾與馬尼、達格與諾特

Sól／Máni, Dagr／Nótt

娑爾與馬尼、達格與諾特是翱翔於北歐天空的馬車御者，太陽與月亮、晝與夜便是由他們帶到世間。

● 照亮天空者和將晝夜帶到世間者

　　娑爾和馬尼是負責駕御馬匹，載運眾神創造的太陽與月亮的馬車御者。相傳他們兩位都是金髮，外觀容貌非常美麗。雖然《史諾里愛達》中〈欺騙吉魯菲〉說娑爾位列眾女神之列，可是她原本只是個普通的人類而已；後來是因為他們分別以意為太陽的「娑爾」和意為月亮的「馬尼」為名，而觸怒了眾神，所以才真的被抓來當駕駛太陽馬車和月亮馬車的御者。馬尼正如其名，負責駕駛馬匹司掌月亮的運行。在他身後還有兩個名叫碧爾（Bill）和修奇（Hjuki）的小孩，用天秤擔著一個叫作賽格（Sager）的人跟在後面。原來他們都是馬尼從地面擄來的人類，可見日復一日默默駕駛馬車想必是個非常無聊且孤獨的工作吧。另一方面的娑爾則是阿瓦卡（Árvakr）和阿史威斯（Alsviðr）這兩匹馬的駕駛者，司掌太陽的運行。

　　娑爾和馬尼的背後有兩個變身成狼的巨人斯庫爾和哈提在後追趕，所以他們才會用極快的速度在天空中不斷逃跑，最後終於在終末戰役諸神黃昏爆發時被兩隻狼追上、遭其吞噬，不過娑爾跟丈夫葛廉（Glenr）有個女兒，諸神黃昏以後，便是由她承接母職，繼續照亮天空。

　　除前述幾位以外，還有帶著晝與夜在天空中奔馳的馬車御者女巨人諾特，以及她跟阿薩神戴林（Dellingr）的兒子達格。司掌夜晚的諾特駕的馬匹叫作弗利姆法克西，從牠的馬嚼子吹出來的泡泡會變成朝露、滋潤大地。至於司掌白晝的達格駕的馬匹則稱作史金法克西，牠會用閃閃發光的鬃毛，照耀天空與大地。

娑爾與馬尼和相關人物

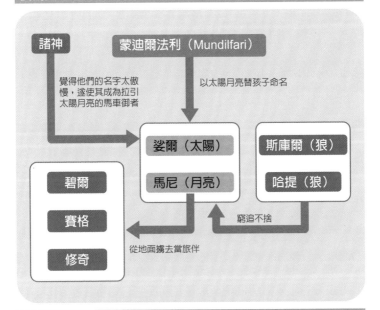

諸神

蒙迪爾法利（Mundilfari）

覺得他們的名字太傲
慢，遂使其成為拉引
太陽月亮的馬車御者

以太陽月亮替孩子命名

娑爾（太陽）

馬尼（月亮）

斯庫爾（狼）

哈提（狼）

碧爾

賽格

修奇

窮追不捨

從地面擄去當旅伴

諾特及其家族

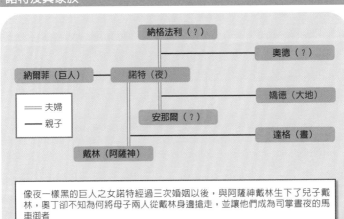

納格法利（？）

奧德（？）

納爾菲（巨人）　　諾特（夜）

嬌德（大地）

安那爾（？）

達格（晝）

戴林（阿薩神）

＝＝＝ 夫婦
—— 親子

像夜一樣黑的巨人之女諾特經過三次婚姻以後，與阿薩神戴林生下了兒子戴
林，奧丁卻不知為何將母子兩人從戴林身邊搶走，並讓他們成為司掌晝夜的馬
車御者

華納神族

Vanr

華納神族是光輝的豐饒神，同時他們也是能操使強大魔法的魔法高手。

●北歐神話中司掌豐饒與魔法的神族

華納神族是群居住於華納海姆，司掌豐饒、財富與通商、愛欲與美的神族，其名有「光輝者」的涵意，複數形作華尼爾（Vanir）。根據《詩歌愛達》的〈史基尼爾之旅〉記載，他們的外表跟**阿薩神族**和**愛爾芙（精靈）**相當類似。我們知道華納神族有**尼爾德**、**福瑞**、**菲依雅**親子等人，除此以外的神明名字或生活情形便不得而知。

華納神族是擅使包括性魔法在內的**塞茲咒法**的高手，還擁有知曉未來的能力，此外他們並不禁止近親通婚，像尼爾德就跟他的姐妹生下了福瑞兄妹。

華納神族曾經一度跟阿薩神族處於敵對關係。《挪威王列傳》序章〈英林加薩迦〉說這個對立關係乃是起因於主神奧丁無止境的領土擴張欲望。《詩歌愛達》中〈女先知的預言〉則是記載，兩軍戰況是以華納神族佔得上風，阿薩神族非但城牆遭到破壞，領土還長期遭到蹂躪。不過這場戰爭始終未能分出勝負，最後是以雙方交換人質的方式劃下了句點。在這次的人質交換當中，華納神族交出的人質是最優秀的尼爾德父子，可是阿薩神族交的人質卻是中看不中用的無能神明海尼爾和擔任智囊的巨人密米爾，以致後來觸怒了華納神族。

從此以後，華納神族就再沒有主動跟阿薩神族來往。〈瓦夫特魯德尼的話語〉也說，華納神族甚至也並未插手干涉諸神黃昏。戰後他們迎回從諸神黃昏存活下來的尼爾德，再度從神話的大舞臺銷聲匿跡。

何謂華納神族

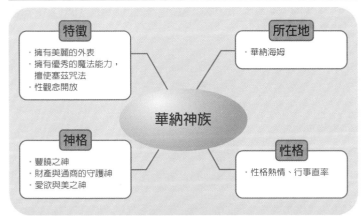

特徵
・擁有美麗的外表
・擁有優秀的魔法能力，擅使塞茲咒法
・性觀念開放

所在地
・華納海姆

華納神族

神格
・豐饒之神
・財產與通商的守護神
・愛欲與美之神

性格
・性格熱情、行事直率

華納神族與阿薩神族

華納戰爭

戰事起因一說是阿薩神族的軍事侵略，一說則是同族的古爾維格受虐待，促使華納神族發動報復

雙方談和，交換尼爾德父子、海尼爾密米爾作為人質

殺害巨人密米爾並將首級送回

相對於己方將最優秀的神明送出作為人質，對方送來的卻是中看不中用的海尼爾跟智囊巨人密米爾，使華納神族感覺受到侮辱

斷絕一切交流，對諸神的黃昏採取不干涉態度

尼爾德與海尼爾的歸來

尼爾德離開被毀滅的世界回到華納海姆，另一方面海尼爾也回到倖存的阿薩神族身邊

關聯項目

尼爾德

Njǫrðr

尼爾德是賜以凡人財富和豐饒的華納神族貴公子，可是卻也慘遭身邊眾人利用，飽嘗流浪各地之苦。

● **海洋相關行業與財富的守護者**

尼爾德是**華納神族**的神明，曾經在**阿薩神族**與華納神族談和之際被派作人質，加入阿薩神族。其實在此之前，他似乎就常常被當作人質送往各個地方，《詩歌愛達》中〈洛奇的爭論〉就說他年輕時曾經在**巨人族**那裡，過著滿是苦澀辛酸的生活。

尼爾德是豐饒神**福瑞**及其胞妹**菲依雅**的父親，從前在華納海姆的時候是娶自己的妹妹為妻，但阿薩神族厭惡近親通婚所以沒有接納其妻子。根據《挪威王列傳》序章〈英林加薩迦〉記載，尼爾德父子在阿薩神族裡被交付祭司的工作；他在主神奧丁死後受任命為王，並繼續與福瑞一同司掌獻祭諸事。

根據《史諾里愛達》另一記載，尼爾德原本的神格似乎是海運業和漁業等從業人員的守護者，能夠控制風的方向，還有平息風浪和火勢的能力。此外尼爾德還是財富之神，能授予財富給信仰他的民眾。

尼爾德相關神話中最有名的，便是他與巨人之女**史卡姬**的婚姻。史卡姬的父親夏基遭眾神殺害，於是她便前往阿薩神域欲報父仇，豈料眾神卻表示願意提出賠償，更以「只看腳部」的條件讓史卡姬從眾神當中挑選伴侶，當時她選中的就是有雙漂亮腳的尼爾德，後來這樁婚姻進展得似乎並不順利，兩人很快就分居了。

又根據《詩歌愛達》的〈瓦夫特魯德尼的話語〉記載，尼爾德並未參加諸神黃昏之役。他在阿薩神族滅亡的同時就結束人質生活，回到華納神族身邊去了。

豐饒與海運之神──尼爾德

族屬

阿薩神族／華納神族

神格

豐饒與財富之神
海運業、漁業之神

領地

諾歐通（Nóatún）

解說

尼爾德是以人質身份加入阿薩神族的華納神族貴公子，也是福瑞和菲依雅的父親。《挪威王列傳》說主神奧丁死後便是由尼爾德繼承其位

特徵

尼爾德擁有阿薩神族與華納神族最美麗的腳。他能控制風的方向，還擁有平息風浪和火勢的能力。此外他還能賜財富與向他祈願者

── 持有物 ──

無

── 主要相關神明與人物 ──

奧丁 / 福瑞 / 菲依雅 / 史卡姬

尼爾德的際遇

被送到喬登海姆當人質

因為不明理由被送到巨人族。受到巨人之女極為屈辱的對待

跟孩子被送到阿薩神域當人質

阿薩神族與華納神族交換人質時，因其優秀而被送給阿薩神族

與史卡姬的婚姻和分居

跟史卡姬結婚作為其父遭眾神殺害的賠償，卻因生活環境的差異而分居

返回華納海姆

未參加諸神黃昏一役，返回華納海姆

關聯項目

◆阿薩神族→No.016　　◆菲依雅→No.044
◆華納神族→No.040　　◆巨人族→No.045
◆福瑞→No.042　　　　◆史卡姬→No.048

福瑞

Freyr

福瑞乃是以豐饒神身份廣受信仰的華納神族貴公子。他為實現自己的戀情，落得在諸神黃昏中殞命的下場。

●司掌豐饒的華納神族貴公子

　　福瑞是**華納神族**掌管海運和財富的**尼爾德**之子，也是女神**菲依雅**的胞兄。除以其名為地名的瑞典和挪威以外，他在冰島等地也都廣受民眾信仰，後世的記錄說福瑞的信徒似乎是以擁有巨大陽根的神像為信仰對象，而北歐也確實發現過這類的小神像。《被打趴的歐格蒙的故事》說福瑞的信徒會用車載著福瑞神像和侍奉福瑞的女性司祭，巡迴各地接受供品祭祀，當時的祭祀形態很可能是透過男女結合，祈求得獲豐饒。此外，北歐還曾經發現福瑞與巨人之女**葛德**成對刻在表面的金屬製護符。

　　根據《史諾里愛達》中〈欺騙吉魯菲〉記載，福瑞即便在**阿薩神族**當中也是最有名的神明之一，是司掌雨水和陽光、掌管每年結果實的豐饒神。另外，他還跟父親尼爾德同樣都擁有賜人財富的能力。《詩歌愛達》的〈葛林尼爾的話語〉說他長智齒的時候，眾神曾經將愛爾芙海姆贈送給他，因此他也被認為是**愛爾芙（精靈）**的統治者。

　　福瑞有這麼多優點，卻也有其輕率之處。據《詩歌愛達》的〈史基尼爾之旅〉等文獻記載，從前福瑞因單戀巨人之女葛德而煩惱時，就曾經放棄愛用的寶劍只為得到她的愛。後來這件事讓眾神也都為之懊悔不已，失去寶劍的福瑞在諸神黃昏中，完全無力對抗穆斯佩之長蘇爾特，因而丟了性命。

　　《挪威王列傳》序章〈英林加薩迦〉則說福瑞是眾神的司祭，他繼承奧丁、尼爾德的王位君臨天下，並成為英林加家族的始祖。

熱情的豐饒之神 —— 福瑞

族　屬
阿薩神族／華納神族

神　格
豐饒神 財富財產之神 結婚戀愛之神

領　地
愛爾芙海姆

解說
福瑞是跟父親尼爾德、胞妹菲依雅一同加入阿薩神族的豐饒神。他以愛用的寶劍為代價娶到妻子葛德，卻也因此在諸神黃昏中敗給蘇爾特

特徵
眉目端正而力量強大。掌管雨水陽光和大地的成長，擁有賜人財富之能力。此外，據說他還具備無論對象是誰，都能解開其束縛的能力

—— 持有物 ——
福瑞之劍／斯奇布拉尼（船）／古林伯斯帝（豬）

—— 主要相關神明與人物 ——
奧丁／尼爾德／菲依雅／葛德／史基尼爾／蘇爾特

挪威王列傳裡的王權

《挪威王列傳》
史諾里・史特盧森所著挪威王朝史。記載從奧丁一直傳承到當時挪威王室的系譜

奧丁	從位於亞洲方向的阿薩神域移居過來。以武力壓制周邊勢力後，便與十二名神官團共同根據以祭祀為中心的民族習俗施行統治

尼爾德	諾歐通（Nóatún）的領主。奧丁死後繼承其王權與祭祀獻供品的習俗成為瑞典之王

福瑞	尼爾德死後繼承王權，在自己的領地烏普薩拉＊建造大神殿、將主權置於該地。福瑞死後則是依序由菲依雅以及福瑞與葛德之子菲尼爾（Fjölnir）治理國家

＊烏普薩拉（Uppsala）：此處所指應是古代斯韋阿（Svea）王國的政治和宗教中心舊烏普薩拉，距現在瑞典中東部烏普薩拉省僅數哩之遙。

關聯項目
◆阿薩神族→No.016　　　◆菲依雅→No.044
◆華納神族→No.040　　　◆葛德→No.049
◆尼爾德→No.041　　　　◆愛爾芙（精靈）→No.064

史基尼爾

Skirnir

豐饒之神福瑞底下有幾位僕從，他們其實也反映出主人福瑞特性的各個性格面向。

●事奉豐饒神的僕從

傳說豐饒神**福瑞**有三名僕從，其中最特別的便是史基尼爾。根據《詩歌愛達》的〈史基尼爾之旅〉記載，他跟主人福瑞是從小一起長大的玩伴，是個很優秀的魔法高手，同時也很擅長於交涉技術。是故，史基尼爾亦頗受眾神重用，《史諾里愛達》就說當初眾神意欲綁縛巨狼**芬里爾**之際，取得魔法繩索**饕餮之鏈**的任務便是被派在他身上。

不過，關於史基尼爾的身份卻不是很確定。他自己就說「我既非**阿薩**亦非**華納**也非**愛爾芙**，而是有固定壽命的」，普遍都認為他應該屬於人類。然而史基尼爾卻有諸多讓人無法理解之處，諸如他曾經向福瑞索討左右其命運的劍和愛馬作為實踐福瑞意向的代價，還有曾不知從何取得了永恆青春的蘋果、奧丁的特勞布尼爾手環這些屬於眾神的寶物。更有甚者，儘管他擁有前述能力和寶物，但是當諸神黃昏爆發時卻並未參戰。亦有說法指出福瑞之劍是在被史基尼爾取得以後落入蘇爾特手裡的，或許從這個方向，可探出史基尼爾的真正身份。

福瑞除史基尼爾以外還另有對夫婦僕從，名字分別叫做畢格維與貝拉。一般認為這兩位見載於《詩歌愛達》中〈洛奇的爭論〉的夫婦可能是愛爾芙，應是福瑞於其豐饒神格面向的輔助性角色。丈夫畢格維負責推石磨、照顧眾人的飲食生活，在眾神與人類當中亦以身手敏捷而聞名，卻似乎不怎麼喜歡糾紛事端，曾因此受到惡神洛奇喝斥痛罵。其妻子貝拉負責的同樣也是廚房裡的工作，卻似乎不太在意自己的打扮整束，而同受洛奇斥責。

福瑞忠實的僕人 —— 史基尼爾

族　屬

阿薩神族

【解說】

豐饒神福瑞的兒時玩伴兼僕人。曾經替因單戀巨人之女葛德而煩惱的福瑞前往喬登海姆，憑藉極激烈的脅迫手段與葛德訂下婚約

【特徵】

通曉魯納文字與魔法，擁有優秀的交涉能力。其外貌似乎與阿薩神族、華納神族、愛爾芙（精靈）相當接近

持有物

福瑞之劍／福瑞之馬／魔法杖＊／特勞布尼爾（手環）／永恆青春的蘋果

主要相關神明與人物

福瑞／葛德

福瑞與僕從的關係及其工作

畢格維／Byggvir

〈洛奇的爭論〉提及的福瑞僕從。他在福瑞麾下負責推石磨、照顧眾人的飲食生活

貝拉／Beyla

〈洛奇的爭論〉提及的福瑞僕從。她是畢格維的妻子，與丈夫同樣都是負責餐桌的相關工作

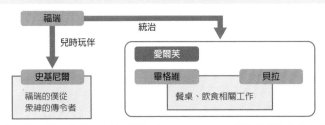

＊魔法杖：即史基尼爾之杖（Skirnir's wand）。史基尼爾前往喬登海姆替福瑞求婚時，使盡各種方法都遭到拒絕，於是他只好以一根新樹枝製成的魔杖刻下四個魯納文字，終於藉由文字的魔力讓葛德答應與福瑞見面。

關聯項目

◆阿薩神族→No.016　　　◆芬里爾→No.058
◆華納神族→No.040　　　◆愛爾芙（精靈）→No.064
◆福瑞→No.042　　　　　◆饕餮之鏈→No.087

菲依雅

Freyja

菲依雅是將愛散播給眾人的美麗而多情的女神，同時她也是司掌魔法和戰場的神明。

●奔放的愛之女神

菲依雅是出身**華納神族**的女神，父親是財富與海運之神**尼爾德**，豐饒神**福瑞**則是她的胞兄。她擁有美麗外貌並司掌財富與豐饒，亦因此經常被許多巨人看上，同時還是位力量非常強大的女神，經常被視同爲主神奧丁之妻**福麗嘉**。

根據《史諾里愛達》的〈欺騙吉魯菲〉記載，她也是戀愛的女神，很喜歡聽人類祈禱，尤其特別愛聽情歌，因此可說是人們爲戀愛祈禱最理想的對象。其次菲依雅還是戰爭女神，經常乘坐由兩隻貓拉引的戰車外出，北歐世界的戰死者約有半數都會被帶到她的館邸弗爾克范格裡一個叫作色斯靈尼爾（Sessrúmnir）的殿裡。此外菲依雅還擁有魔法高手的神格面向。《挪威王列傳》序章〈英林加薩迦〉便說她將**塞茲咒法**帶到阿薩神族，還跟父兄同掌祭祀。菲依雅跟丈夫奧德生有一女赫諾絲（Hnoss），然而奧德卻不知爲何，某日出外後就再也沒回來，於是菲依雅不斷改換姓名，踏遍世界各地尋找夫君。傳說當時她流的眼淚都變成了黃金，沉眠於地底深處。

菲依雅與丈夫的愛情固然極爲深刻，不過她也有在性方面相當奔放的另一面。《詩歌愛達》中〈洛奇的爭論〉就曝露包括胞兄福瑞在內的眾神和愛爾芙（精靈）全都是她的情人，《索里的故事、赫金與霍格尼的薩迦》（Sorli's Story, The Tale of Hogni and Hedinn）也說菲依雅的首飾**布理希嘉曼**是她跟四名侏儒（矮人）各睡一晚所得。《詩歌愛達》的〈辛德拉之歌〉（Hyndluljóð）也描述到菲依雅爲了自己的情人英雄歐特（Ótr）而處處放水的模樣。

美麗的女神——菲依雅

族　屬
阿薩神族／華納神族

神　格
愛與豐饒的女神 咒術女神 戰爭女神

領　地
弗爾克范格（館邸）

解說

隨著父親尼爾德、胞兄福瑞加入阿薩神族的女神。其奔放的性格與美貌便是她招惹諸多麻煩的原因

特徵

眉目秀麗而神力強大，性觀念卻相當寬鬆。她的眼淚是紅色的，一旦落到地面就會變成黃金。是曾經傳授塞茲咒法予主神奧丁的魔法能手

持有物
布理希嘉曼（首飾）／貓戰車／飛鷹羽衣 ／希爾迪斯維尼（母豬）

主要相關神明與人物
奧丁／尼爾德／福瑞／奧德／赫諾絲

菲依雅擁有的各種面貌

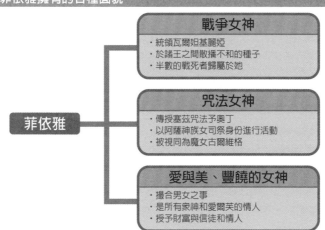

菲依雅

戰爭女神
· 統領瓦爾妲基麗婭
· 於諸王之間散播不和的種子
· 半數的戰死者歸屬於她

咒法女神
· 傳授塞茲咒法予奧丁
· 以阿薩神族女司祭身份進行活動
· 被視同為魔女古爾維格

愛與美、豐饒的女神
· 撮合男女之事
· 是所有眾神和愛爾芙的情人
· 授予財富與信徒和情人

關聯項目

◆福麗嘉→No.033
◆華納神族→No.040
◆尼爾德→No.041
◆福瑞→No.042
◆塞茲咒法與迦爾多咒歌→No.074
◆布理希嘉曼→No.086

No.045

巨人族

Jǫtunn

巨人族往往會為眾神和人類帶來各種危險災害，他們更擁有足堪與眾神匹敵的強大力量。

● 眾神的敵對者

世人以「喬登」、「蘇斯」、「里希」、「托爾」等各種名字稱呼的巨人族，乃是北歐神話裡的反派角色。他們是以原初巨人**伊米爾**為始祖，跟主神奧丁等一班**阿薩神族**雖然遙遠，卻也是血親關係。《詩歌愛達》或《史諾里愛達》所描述到的巨人族有的體格巨大無比，有的跟尋常人類差不多，有的有好幾顆腦袋，有的甚至是野獸模樣，可謂是形形色色五花八門。巨人當中也有非常美麗的女巨人，受眾神迎娶者亦不在少數。

據《丹麥人的業績》記載，巨人族是種能夠自由自在移動、變幻形體的某種魔法師。相傳他們擁有優越的建築技術，並且在丹麥留下了許多巨石建築。

除部分巨人以外，所有巨人族跟眾神均屬敵對關係。尤其雷神**索爾**更可以說是巨人的天敵，他還曾經多次遠征巨人的世界**喬登海姆**；巨人們每次都想盡各種計策方法想要打倒索爾，但往往都遭其反擊而丟了性命。其次，由於巨人族擁有足堪與眾神匹敵的財富、知識和魔法道具，常常因此成為眾神的目標，事實上，奧丁也的確曾經從巨人族那裡得到過許多好處。

當然，由巨人族主動掠奪眾神國度的情況還是遠多於前者，因為巨人族早就對豐饒女神菲依雅、索爾之妻希弗以及永恆青春蘋果的管理者伊登等眾女神覬覦已久。有一說法指出，巨人族希望得到前述這些為世界帶來恩惠的眾女神，其目的是要藉此引發世界的混亂。於是乎巨人族與眾神之戰就這麼持續直到諸神黃昏來臨，直到巨人在這場最終戰役中跟巨狼**芬里爾**、**穆斯佩**一齊攻上阿薩神域為止。

何謂巨人族

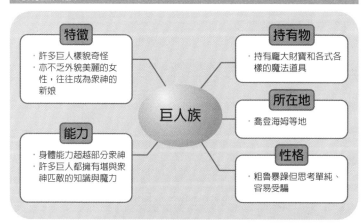

特徵
- 許多巨人樣貌奇怪
- 亦不乏外貌美麗的女性，往往成為眾神的新娘

能力
- 身體能力超越部分眾神
- 許多巨人都擁有堪與眾神匹敵的知識與魔力

巨人族

持有物
- 持有龐大財寶和各式各樣的魔法道具

所在地
- 喬登海姆等地

性格
- 粗魯暴躁但思考單純、容易受騙

眾神與巨人的關係

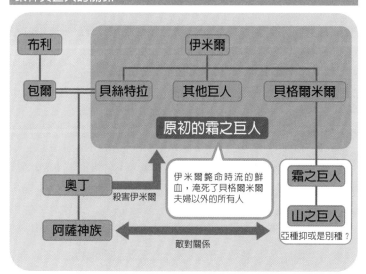

布利

包爾

伊米爾

貝絲特拉

其他巨人

貝格爾米爾

原初的霜之巨人

奧丁

殺害伊米爾

伊米爾斃命時流的鮮血，淹死了貝格爾米爾夫婦以外的所有人

霜之巨人

山之巨人

亞種抑或是別種？

阿薩神族

敵對關係

關聯項目

◆喬登海姆 → No.011　　　◆伊米爾 → No.046
◆阿薩神族 → No.016　　　◆芬里爾 → No.058
◆索爾 → No.023　　　　　◆穆斯佩 → No.065

伊米爾

Ymir

世界初始時誕生的原初巨人，所有巨人還有眾神和人類居住的世界均是由這名巨人的身體誕生出來的。

●創造世界原形的原初巨人

伊米爾便是北歐神話裡指為萬事萬物開端的原初巨人。《史諾里愛達》的〈欺騙吉魯菲〉記載，伊米爾是灼熱世界**穆斯佩海姆**的熱氣使極寒世界**尼弗海姆**的霜融化成水滴後，從水滴裡誕生出來的生物。其次，《詩歌愛達》的〈瓦夫特魯德尼的話語〉則說尼弗海姆有條名叫埃利伐加爾的毒河，而伊米爾便是由埃利伐加爾的毒液凝固形成，故其性格相當凶暴，似乎不足以被稱為神明。相傳伊米爾便是靠著與他同時誕生的母牛所分泌流出的四條乳水河，始得以在這個別無他人的世界裡延續生命。

〈欺騙吉魯菲〉說伊米爾是種兼具兩性的存在，他睡到發汗時左腋就會生出男女巨人，兩腳交叉時則是會生出共有六個頭的巨人。霜之巨人的人數便是如此逐漸增加，但是不久以後，世界很快又發生了變化，從奧德姆拉舔食表面攝取鹽份裹腹的霜石裡面，又有個名叫布利的生命誕生了。布利生下兒子包爾，包爾又跟巨人之女生下**奧丁**、威利和菲三個兒子，後來他們殺死了伊米爾，用伊米爾的身體開始創造世界。當時從伊米爾體內流出的血變成了洪水，將最初那批霜之巨人全數淹死，僅有巨人貝格爾米爾及其妻得以倖存。

根據《詩歌愛達》中〈葛林尼爾的話語〉記載，伊米爾的肉體全部都被用作創造世界的材料，毫無半點浪費。他的肉造成大地，血造成湖海，骨頭造岩、碎骨牙齒則是被造成小石塊；頭蓋骨變成穹頂，睫毛拿來造米德加爾德外圍的柵欄，腦則是造成雲朵飄上了天空。

原初巨人──伊米爾

族　屬
巨人族

神　格
原初巨人（阿薩神族 不承認其神格）

解說

屬霜之巨人與阿薩神族始祖的原初巨人。遭奧丁等子孫殺害，並成為創造世界的材料

特徵

擁有可供作為創造世界材料使用的巨體。兼具兩性，能獨自生子，性格凶狠粗暴

主要相關神明與人物

奧丁／巨人族

世界的創造與伊米爾的肉體

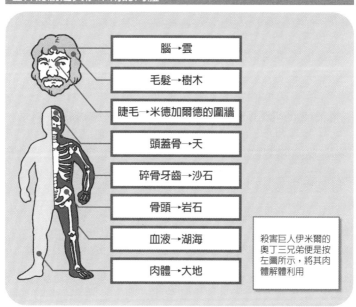

腦→雲

毛髮→樹木

睫毛→米德加爾德的圍牆

頭蓋骨→天

碎骨牙齒→沙石

骨頭→岩石

血液→湖海

肉體→大地

殺害巨人伊米爾的奧丁三兄弟便是按左圖所示，將其肉體解體利用

關聯項目

◆尼弗海姆與尼芙海爾→No.012　　◆奧丁→No.017
◆穆斯佩海姆→No.013

夏基

Þjazi

巨人夏基擁有強大力量，曾經從眾神手中奪取永恆青春的蘋果，使諸神陷入混亂的漩渦。

●曾使眾神陷入混亂的巨人

夏基便是後來嫁給**尼爾德**的巨人之女**史卡姬**的父親。《詩歌愛達》中〈葛羅提之歌〉（Gróttasöngr）說他的力量甚至比曾經跟雷神索爾鬥過的**芬葛尼爾**還要強大。夏基是富裕巨人歐爾瓦第（Olvadi）之子，當初歐爾瓦第分財產時，曾規定眾子只能以嘴巴塞得下的財寶取固定份數，當時兄弟中就屬夏基拿到的寶物最多，他另外還有件能夠變身成鷲鷹的羽衣。根據《史諾里愛達》的〈詩語法〉以及《豪斯特隆》（Haustlöng）記載，夏基是因為想要得到永恆青春的蘋果方才喪命。

從前主神**奧丁**、**海尼爾**和惡神**洛奇**三人出外遠行，抓到一頭公牛便立刻要料理來吃，豈料肉卻是怎麼都烤不熟。他們一抬頭發現頭頂有隻大鷲，說是只要把肉分牠吃，牠就會替他們把肉烤熟，奧丁等人不得已只能答應，豈料那隻鷲把最好的部位給叼走，氣得洛奇揮舞棍棒追打，卻反而被大鷲抓了起來。其實這隻鷲就是夏基所化，他搬弄讒舌百般威脅，終於讓洛奇答應幫他綁走負責管理永恆青春蘋果的女神**伊登**。伊登一失蹤，眾神立刻就呈現衰老敗弱之態。後來眾神得知洛奇是最後一位見過伊登的人，便質問他並命其將伊登救回。儘管感到害怕，洛奇卻還是在借到飛鷹羽衣以後就出發前往喬登海姆，幸好當時夏基外出打漁並不在家，於是洛奇便將伊登變成胡桃，用鷹爪抓著就往外逃。夏基回家以後感覺有異，變身成鷲鷹追趕，豈料卻因為盛怒追得忘我而跌進眾神以鉋屑生的火堆，墜落地面，終於遭眾神殺害。相傳後來他的女兒所提賠償的其中一個條件，就是要把夏基燒剩下來的雙眼變成天上的星星。

一度奪取眾神青春的巨人 —— 夏基

族　屬
巨人族

領　地
斯留姆海姆

解說

曾經從眾神手中綁走管理永恆青春蘋果的女神伊登的巨人。伊登遭眾神奪還之際，夏基因盛怒忘我而跌進眾神生的火堆之中，遭到毀滅

特徵

能藉鷲鷹羽衣變身成大鷲，曾將眾神玩弄於股掌並嘲弄訕笑之，擁有各種強大魔力

持有物
鷲鷹羽衣／莫大的財寶

主要相關神明與人物
歐爾瓦第／伊奇（Iði）／剛格（Gangr）／史卡姬／洛奇／伊登

夏基誘拐伊登始末

擒拿洛奇

化作大鷲的夏基使用魔法嘲弄旅途中的眾神。惡神洛奇怒而發動攻擊，卻反遭其擒捕

誘拐伊登

洛奇答應夏基協助綁架伊登作為釋放條件，並順利將伊登誘出，讓夏基將她綁走

夏基的末路

夏基得知伊登被救回後變成大鷲追趕，遭眾神伏擊打敗

拯救伊登

失去伊登蘋果的眾神開始急速老化。焦急的眾神責備洛奇，命其搭救伊登

關聯項目

◆奧丁→No.017
◆伊登→No.035
◆尼爾德→No.041
◆史卡姬→No.048
◆芬葛尼爾→No.050
◆洛奇→No.057

史卡姬

Skaði

史卡姬是為報父仇而造訪阿薩神域的巨人之女，而終於在幾經波折之後，成為挪威王室的始祖。

● 眾神的美麗新娘

史卡姬是**尼爾德**的第二任妻子，也是被稱為滑雪女神的女巨人。她的性格殘酷刻薄，對敵人毫不容情，曾經用日以繼夜不斷將蛇毒滴在顏面的拷問法，施在舊情人惡神**洛奇**身上。不過史卡姬卻有著美麗的外貌，甚至《詩歌愛達》中〈葛林尼爾的話語〉還曾將她評為「眾神的美麗新娘」。

史卡姬身為巨人之女卻得以進入眾神行列，全都要歸因於眾神的陰謀弄策。根據《史諾里愛達》的〈詩語法〉記載，史卡姬是巨人族裡擁有相當強大勢力的**夏基**之女，夏基與眾神爭奪司掌永恆青春蘋果的女神**伊登**，最終在阿薩神域遭到殺害。於是史卡姬身披頭盔鎧甲，獨自前赴阿薩神域欲報父仇，也不知道是否因為覺得她可憐，眾神為達成和解便向史卡姬表示，可從眾神當中擇一作為夫婿，其條件就是只能看腳部來判斷選擇。史卡姬欲選美青年**巴多**為婿，於是便挑了雙最漂亮的腳，豈料選到的卻是尼爾德。另外史卡姬還要求眾神必須逗自己發笑，當時洛奇便是用把繩子綁在陰囊跟山羊拔河的滑稽表演，滿足了史卡姬所提出的這個條件。

也許是大笑過後心情爽朗的緣故，相傳後來史卡姬就乖乖接受了與尼爾德的婚姻生活，可是兩人卻始終無法融入彼此的生活環境，後來史卡姬便回父親的館邸斯留姆海姆去了。

其後兩人的夫婦關係還暫時維持了一段時間，但根據《挪威王列傳》記載，她的婚姻最後似乎仍是以失敗告終，後來史卡姬又跟主神**奧丁**發生關係，成為了挪威王族的始祖。

滿心報復的女巨人 —— 史卡姬

族　屬
巨人族／阿薩神族

神　格
滑雪女神
狩獵女神

領　地
斯留姆海姆

（特徵）

為報父親夏基之仇而前赴阿薩神域的巨人之女，後來成為尼爾德的妻子，但婚姻進展不順利而以分居收場。經過幾番曲折後又跟奧丁發生關係，成為挪威王家的始祖

（備考）

手持弓箭、腳踏雪板。因其美貌而被喚作美麗的新娘，然其性格甚是酷薄。不好海洋，喜愛山野

持有物
弓箭／雪板／夏基的遺產

主要相關神明與人物
奧丁／尼爾德／夏基

史卡姬與眾神的和解

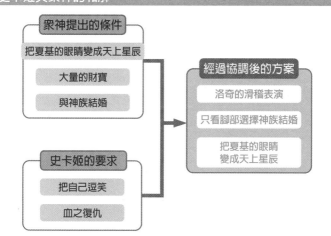

眾神提出的條件

把夏基的眼睛變成天上星辰

- 大量的財寶
- 與神族結婚

經過協調後的方案

- 洛奇的滑稽表演
- 只看腳部選擇神族結婚
- 把夏基的眼睛變成天上星辰

史卡姬的要求

- 把自己逗笑
- 血之復仇

葛德

Gerðr

葛德是豐饒神福瑞寧願放棄寶物也要追求的巨人之女。她究竟是豐饒的象徵，抑或是替眾神帶來破滅的存在？

●象徵豐饒的巨人之女

葛德是受到豐饒神**福瑞**熱烈追求的巨人之女。《詩歌愛達》的〈史基尼爾之旅〉說她的外貌美麗非常，據說她所散發的光芒，甚至足以照亮天空和大海的每個角落。相傳葛德乃是巨人幾米爾（Gymir）之女。幾米爾雖是海神**阿戈爾**的別名，但阿戈爾跟葛德的父親是否相同的人物就不得而知。另外葛德還有個不知遭誰殺害的兄長。

身為巨人之女的葛德從一開始被福瑞發現、直到後來受到熱烈求婚的來龍去脈是這樣的：有次福瑞趁著主神**奧丁**不在的時候，偷坐奧丁的寶座**至高王座**瞭望全世界。當他的雙眼移到**喬登海姆**時，湊巧看見了葛德，福瑞只消看一眼便為其美貌而傾心，從此陷入戀愛的煩惱。福瑞的僕人史基尼爾聽他講述完煩惱，便以福瑞的魔法劍和愛馬作為交換條件，單身前赴喬登海姆為其實現願望。剛開始史基尼爾很和氣地提出各種禮物進行交涉，可是葛德壓根就沒想過要接受福瑞；因為交涉不順遂，逼得史基尼爾拔出福瑞之劍作勢要將葛德首級砍下，但性格強硬的葛德仍舊不肯點頭，於是擅使魔法的史基尼爾又威脅說要對葛德施下詛咒，這個詛咒將使她終生覓無良緣、不幸而終，甚至還刻下**魯納文字**再三要脅說是要施咒，葛德這才屈服於史基尼爾，接受了福瑞的愛。

一說認為這段故事乃是象徵著豐饒神的聖婚儀式。亦有人認為葛德便是攪亂阿薩神域和平的三位巨人之女其中之一。

為豐饒神的愛感到困惱的女巨人——葛德

族　屬
巨人族

神　格
豐饒女神？

所在地
喬登海姆

解說

豐饒神一見鍾情的巨人之女。一說認為她跟福瑞的結婚象徵著能夠帶來豐饒的聖婚儀式，北歐亦有許多描述此婚禮情景的黃金護符出土

特徵

相傳葛德是全世界最美麗的女性，甚至她舉手露出手腕時，便足以照亮全世界

持有物
無

主要相關神明與人物
福瑞 / 史基尼爾 / 幾米爾

葛德與福瑞所遣使者史基尼爾的交涉過程

史基尼爾的提議與脅迫		葛德的反應
提出永恆青春的蘋果為條件	→	表示「沒興趣」，無視於其提議
提出特勞布尼爾手環為條件	→	表示「財寶我很多」，無視於其提議
威脅要砍下葛德及其父首級	→	表示「我不接受無理的威脅」，無視之
威脅詛咒葛德遭遇不幸的婚姻	→	因威脅太過嚴重以致無法反應
威脅要刻魯納文字施詛咒		

↓

葛德屈服於脅迫，向史基尼爾發誓願接納福瑞的愛

關聯項目

芬葛尼爾

Hrungnir

芬葛尼爾是名馬葛爾法克西的主人，後來卻因為自身的傲慢和這匹名馬而丟了性命。

●擁有石頭心臟和石頭腦袋的巨人

芬葛尼爾是《史諾里愛達》中〈詩語法〉所提及的巨人，他有顆長著三個尖角的石頭心臟，腦袋也是石頭做的，武器則是石盾與磨刀石。此外芬葛尼爾也是名馬葛爾法克西的所有者，只不過這匹馬最後將會致他於死地。

傳說主神**奧丁**挑撥芬葛尼爾誘其深入**阿薩神域**，其目的很可能就是要得到葛爾法克西。眾神按照奧丁交待下來的命令以貴客般的待遇招待芬葛尼爾，芬葛尼爾卻興高采烈地喝得大醉，還口吐髒語穢言。為此眾神遂將前赴東方的雷神**索爾**召回，索爾看見芬葛尼爾的態度以後悖然大怒，但他說「殺死手無寸鐵的對手也不光榮」，於是雙方遂約定在位於阿薩神域和喬登海姆國境上的葛留杜迦薩進行決鬥。

索爾領著僕從希亞費同赴決鬥戰場，並趁著閃電和雷鳴率先發難，衝向芬葛尼爾、擲出雷神之鎚；芬葛尼爾這邊也擲出磨刀石應戰，可是磨刀石與鎚相撞以後就斷成兩截，一截插在大地之上，另一截則是嵌進了索爾的腦袋。此時雷神之鎚則是粉碎了芬葛尼爾的頭蓋骨，芬葛尼爾就此撲倒在索爾身上，當場斃命。

此時的希亞費正在跟巨人族為替芬葛尼爾助陣所捏出來的黏土巨人莫苦卡菲作戰；這名移植母馬心臟製成的巨人很是膽小，戰鬥很快就以希亞費的勝利分出了勝負。

至於引發此爭端的起因葛爾法克西，最後則是被賜給了從芬葛尼爾屍體底下成功救出父親的索爾之子曼尼，據說這也是為何後來索爾觸怒奧丁的原因。

擁有岩石肉體的巨人 —— 芬葛尼爾

族　屬
巨人族

所在地
喬登海姆

解說

以名馬葛爾法克西所有者為世人所知的巨人。受主神奧丁引誘深入阿薩神域，雷神索爾見他行徑蠻橫感到憤慨，演變成決鬥

特徵

有顆長著三個尖角的石頭心臟和石頭腦袋。他的巨體重到連索爾也無法將他舉起

持有物
磨刀石 / 石盾 / 葛爾法克西（馬）

主要相關神明與人物
索爾 / 希亞費 / 莫苦卡菲

芬葛尼爾與索爾之戰

為得到葛爾法克西所施策略

奧丁拜訪芬葛尼爾時故意激怒對方，誘其前往阿薩神域，想方設法讓索爾對芬葛尼爾蠻橫行徑感到憤慨、與其決鬥

黏土巨人

巨人族得知即將要進行決鬥，遂用黏土製作一具巨人給芬葛尼爾當搭擋。另一方面索爾則是帶著僕從希亞費共赴決鬥

決鬥的結果

芬葛尼爾擲出的磨刀石嵌進索爾的腦袋，但索爾擲出的雷神之鎚卻取了芬葛尼爾性命

葛爾法克西的去向

索爾被巨人壓在底下動彈不得，後來被出生僅三天的兒子曼尼救出來，於是便將葛爾法克西當作戰利品，送給了曼尼

關聯項目

◆阿薩神域→No.010　　　◆索爾→No.023
◆奧丁→No.017

斯留姆

Þrymr

斯留姆是生活富裕、萬事不欠的巨人之王，可是卻因為想娶美嬌娘而步上毀滅。

●想娶妻的巨人之王

姓名見載於《詩歌愛達》中〈斯留姆之歌〉的斯留姆是位住在**喬登海姆**的巨人之王。據說他非常富裕，卻對自己沒有妻子感到不滿，於是便心生一計，想要奪取雷神**索爾**的雷神之鎚，用它當作交換條件好得到女神**菲依雅**。

索爾發現雷神之鎚不翼而飛，便去找惡神**洛奇**商量。洛奇向菲依雅商借飛鷹羽衣出外尋找，不久便回報索爾說雷神之鎚乃是斯留姆盜去，只要用菲依雅作交換就會歸還。於是索爾又拿這件事去跟菲依雅商量，然而她聞言斷然拒絕，並且憤怒得連**阿薩神域**都為之震動，連首飾都快被她扯斷。傷透腦筋的眾神只能另行商討對策，眾神的門房**海姆德爾**提議「不如索爾自己扮作新娘去見斯留姆」。索爾對這個提案甚感厭惡，但眾神卻是躍躍欲試，最後便決定由索爾扮成新娘、洛奇扮成侍女，潛入斯留姆的地盤。

話說迎接索爾和洛奇的巨人族對新娘這麼壯碩並不疑有他，跟著便舉行了婚宴。可是索爾卻還是跟平常同樣大啖公牛肉和鮭魚，讓同席的巨人都看傻了眼；樂不可支的斯留姆又追著新娘索吻，卻從新娘頭紗的隙縫看見索爾的可怕眼神、驚叫失聲。此時幸虧洛奇靈機一動，說是新娘太過期待婚禮而在過去八天裡吃不下睡不著所致。斯留姆的姐姐剛好就在此時跑來向新娘央討禮物，這件事就此蒙混過關。或許是害怕婚宴的氣氛遭到破壞，斯留姆遂命人取來雷神之鎚替新娘淨身除穢。索爾一直等待的便是這一刻，他一拿到雷神之鎚，便立刻將斯留姆等眾巨人全部殺死，之後就返回阿薩神域去了。

受假新娘欺騙的巨人——斯留姆

族 屬
巨人族

領 地
喬登海姆的部分區域

解說

盜走雷神索爾的雷神之鎚並要求菲依雅作為交換的巨人之王。他將扮作女裝的索爾誤認為是菲依雅，剛交出雷神之鎚時，就被索爾殺死

特徵

非常富裕而且擁有眾多部下的巨人之王。關於其外貌方面特徵並無記載

持有物
黃金牛角的公牛 / 黃金項圈之犬 / 莫大的財寶

主要相關神明與人物
索爾 / 菲依雅 / 洛奇

雷神之鎚遭竊始末

雷神之鎚的去向

索爾因雷神之鎚被盜而找洛奇商量，洛奇經查探後發現犯人便是巨人斯留姆

索爾扮成新娘

巨人要求以菲依雅交換雷神之鎚，眾神卻安排男扮女裝的索爾和洛奇出嫁

斯留姆的下場

斯留姆取出雷神之鎚替新娘淨身除穢，結果被索爾奪回雷神之鎚，並將在場所有巨人全部殺死

婚禮

索爾在婚禮宴會上露出不少破綻，但都由扮成侍女的洛奇為其掩飾過關

關聯項目

◆阿薩神域→No.010
◆喬登海姆→No.011
◆索爾→No.023

◆海姆德爾→No.029
◆菲依雅→No.044
◆洛奇→No.057

蓋爾羅德

Geirroðr

巨人蓋爾羅德父女以智略計謀挑戰雷神索爾，最後卻敗下陣來，並且在其後漫長的歷史洪流中為索爾傳唱，見證其偉大功績。

●被縫在大地上的巨人

蓋爾羅德是《史諾里愛達》中〈詩語法〉等文獻所記載的巨人。傳說他企圖引誘雷神**索爾**將其抹殺卻反遭擊敗，從而使得索爾的功業永傳於後世。

這件事其實要從某次蓋爾羅德擒住化作飛鷹的惡神**洛奇**說起，原來洛奇已經先被餓了三個月沒東西吃，只能向蓋爾羅德表明身份，還承諾會把索爾手無寸鐵引誘到蓋爾羅德的館邸。就在索爾幾乎要落入陷阱時，拯救他免於此劫的竟是當時恰巧經過的某間館邸的主人──奧丁之子**維達**的生母葛麗德（Griðr）。葛麗德不但向索爾提出忠告，還把鐵手套、力量腰帶和自己的手杖等物品借給索爾。

經其提點而提高警覺的索爾果然順利擊退埋伏在維穆爾河（River Vimur）的蓋爾羅德之女，可是當他抵達蓋爾羅德館邸的時候卻已經筋疲力盡，被帶領到留宿的處所以後，立刻就累得癱坐在房間的椅子上，豈料卻發現這張椅子竟不斷浮起，把他往房間的天花板擠壓，原來蓋爾羅德的女兒們從椅子底下企圖把他壓扁在天花板上。於是索爾便舉起葛麗德的手杖抵住天花板，一使勁就折斷了蓋爾羅德女兒們的背脊，把她們全壓在椅子底下。

眼見女兒敗退，蓋爾羅德只得親自出來挑戰索爾。他先擲出燒得火紅的鐵塊，卻被索爾用鐵手套接住並以極大勢頭擲將回來，蓋爾羅德嚇得趕緊躲到鐵柱後面，誰料鐵塊卻連帶鐵柱穿透他，將其整個黏死在大地表面。《丹麥人的業績》說丹麥國王哥爾姆就曾經在造訪此地時，目睹這位直到人類時代還被黏在大地上的老巨人，以及背脊折斷無法動彈的諸位女巨人。

被黏死在大地表面的巨人 —— 蓋爾羅德

族　屬

巨人族

所在地

畢雅馬蘭（Bjarmaland）

解說

偶然間擒住惡神洛奇，進而欲設陷阱想打倒索爾的巨人。可是索爾卻得到奧丁之子維達生母葛麗德的忠告，使得蓋爾羅德及其女兒全都反遭擊敗

特徵

《丹麥人的業績》說他是被鐵柱貫穿身體的老人，背脊粉碎的女兒則是倒在他的腳邊

—— 持有物 ——

無

—— 主要相關神明與人物 ——

索爾／洛奇／葛麗德／格嘉普（Gjálp）／格雷普（Greip）

蓋爾羅德與索爾之戰

洛奇與蓋爾羅德

洛奇遭蓋爾羅德所擒，承諾引索爾入陷阱交換自己的性命

渡維穆爾河

葛爾羅德之女格嘉普使河水暴漲欲淹死索爾，卻以失敗告終

索爾的勝利

蓋爾羅德終於與索爾對峙，卻反遭自己擲出的金屬片擊中而倒下

葛麗德的忠告

旅途中索爾路過葛麗德住處，獲得忠告與魔法道具

置物間的攻防

格蕾普等人企圖用椅子壓扁在置物間裡休息的索爾，卻反遭壓扁

關聯項目

◆索爾 →No.023

◆維達 →No.028

◆洛奇 →No.057

瓦夫特魯德尼

Vafþrúðnir

瓦夫特魯德尼是以知識淵博而聞名的老巨人，卻在面對僅有眾神之父才知道的問題之際而敗下陣來。

●擁有奧丁所追求知識的巨人

瓦夫特魯德尼亦稱伊姆（Im）之父，是姓名僅見於《詩歌愛達》中〈瓦夫特魯德尼的話語〉的巨人。他的知識極為淵博，甚至連主神**奧丁**都無法壓抑想要得到瓦夫特魯德尼的知識的欲望。此外奧丁之妻**福麗嘉**對他則是有「無論什麼樣的巨人都沒有瓦夫特魯德尼來得強大」的評語。

根據北歐傳說記載，從前奧丁因為想要得到他的知識而去找妻子福麗嘉商量，說是想去拜訪瓦夫特魯德尼；福麗嘉雖以危險為由持反對意見，卻沒辦法說服奧丁，只能送他出門。奧丁踏上旅途後，遂以剛格喇茲（Gangrathr）自稱，來到瓦夫特魯德尼的館邸拜訪。瓦夫特魯德尼威脅道「倘若你的知識遜色於我，可不會讓你走出去這間館邸」，但奧丁卻是滿臉不在乎的樣子，於是瓦夫特魯德尼遂提出雙方鬥智比知識的提議。瓦夫特魯德尼先提問，奧丁立刻就答對了，接著輪到奧丁提問，奧丁從世界的成立、現今狀態等較簡單的問題開始問起，跟著慢慢問到尚未發生的未來，終於問到了最後的一個問題。

「在兒子上火葬台以前，奧丁在他的耳朵旁邊說了些什麼？」這個問題究竟是何用意無從得知，但瓦夫特魯德尼此時也已經發現眼前跟他比試的正是奧丁本人，只能承認自己敗北。至於瓦夫特魯德尼後來究竟如何，〈瓦夫特魯德尼的話語〉已經沒有記載，不過亦有說法認為他們倆是用自己的腦袋作賭注，因此瓦夫特魯德尼的性命恐怕已經不保。

因淵博知識遭覬覦的巨人 —— 瓦夫特魯德尼

族　屬
巨人族

所在地
喬登海姆

持有物
無

主要相關神明與人物
奧丁

解說

主神奧丁為滿足求知欲而拜訪的巨人。他與偽稱剛格喇茲的奧丁比試知識，卻在最後一個問題發現對方身份、宣告敗北

特徵

擁有古老知識的老巨人。根據福麗嘉的說法，瓦夫特魯德尼比任何一位巨人都還要強大

奧丁的十八個問題和回答

	問題	回答
1	大地和天空從何而來？	乃以伊米爾肉體所造
2	太陽和月亮從何而來？	蒙迪爾法利的孩子
3	晝與夜從何而來？	戴林是白晝之父，諾爾是夜晚之母
4	冬與夏從何而來？	溫德斯瓦爾是冬天之父，斯瓦索德是夏天之父
5	眾神和巨人當中最早誕生的是誰？	奧爾蓋爾米爾（伊米爾）
6	他是如何誕生的？	由毒河埃利伐加爾孕生
7	他沒有妻子是如何生子的？	從左腕腋下生出男女，雙腳交叉則生出有六個頭的巨人
8	你所知道最古老的記憶是？	貝格爾米爾被放在石臼台上
9	風從何處來？	化作鷲鷹的巨人赫拉斯瓦爾格爾振翅所造成
10	尼爾德是從何而來？	從華納海姆
11	人們每日在何處戰鬥？	奧丁的庭院（指英靈戰士）
12	為什麼知道所有的命運？	因為九個世界全都已經踏遍
13	諸神黃昏過後活下來的人類是？	利弗與利弗詩拉希爾
14	如果芬里爾抓到太陽將要如何？	由太陽被捕前生下的女兒代行其職
15	漂流在海上的聰明女孩是誰？	墨索拉希爾的眾女兒。她們在巨人身邊成長
16	諸神黃昏過後存活下來的神有？	維達、瓦力 *、摩帝、曼尼
17	是誰為奧丁帶來終結？	芬里爾
18	奧丁對上到火葬台的兒子說了什麼？	無法回答

＊ 瓦力：請參照No.006注解。此處所指應是奧丁之子。

關聯項目

◆奧丁→No.017　　　　　◆福麗嘉→No.033

烏特加爾洛奇

Utgarsa-Loki

烏特加爾洛奇乃是巨人國烏特加爾之王，他的武器便是連眾神也會上當的幻術和智慧。

●將索爾玩弄於股掌的巨人之王

烏特加爾洛奇是巨人國烏特加爾之王，是擅長於幻術的巨人。相傳當他得知巨人族的宿敵雷神**索爾**一行人向自己的國家逼近時，便曾經使用各式各樣的幻術保護國家。

烏特加爾洛奇先是化作名為斯克里米爾的巨人威脅索爾，試圖讓他們打退堂鼓，索爾一行人雖然因此感到精神疲憊，但總算還是抵達了烏特加爾。此時烏特加爾洛奇立刻使出第二策，藉以削弱索爾等人的戰鬥意志。烏特加爾洛奇打算邀請他們參加宴會，並要求舉行賽跑、競食比賽和摔角等餘興活動，然後用幻術讓他們輸到啞然失言。果然索爾等人被烏特加爾洛奇騙得團團轉，完全失去了信心。

儘管如此，眾神的戰果卻使得烏特加爾洛奇暗自驚詫。首先是索爾的僕從希亞費展現了堪與烏特加爾洛奇的思考速度相匹敵的腳程，惡神**洛奇**亦以幾乎跟野火燎原同等的速度將肉吃個精光，而索爾也拿起與大海相連的杯子一口氣猛灌、使得海平面明顯下降。更有甚者，索爾還差點就將幻化成貓的大蛇**約爾孟甘德**舉起離開地面，就連跟不斷啃食肉體的衰老對抗時，也僅以單膝著地的些微差距落敗而已。烏特加爾洛奇對他們的實力很是畏懼，便將實情全盤托出，只撂下一句「我們還是別再見面的好」便消失無蹤，最後就只剩下怒火正盛的索爾一行人被留在原地。

另外根據《丹麥人的業績》記載，烏特加爾洛奇是位渾身發出惡臭的醜陋巨人，據說當他的信徒丹麥國王哥爾姆得知這位神明是何模樣時，還曾經因為太過震撼而驚嚇致死。

迷惑眾神的巨人──烏特加爾洛奇

族　屬
巨人族

神　格
丹麥國王哥爾姆的守護神

領　地
烏特加爾

解說
居住於烏特加爾的巨人族之王。曾以強大幻術玩弄索爾等人，成功守護自己的王國。《丹麥人的業績》則說他深受丹麥國王哥爾姆信仰

特徵
能施行強大幻術的高手。《丹麥人的業績》說他是個被鎖鍊困住烏特加爾、渾身惡臭的醜陋巨人

持有物
無

主要相關神明與人物
索爾／希亞費／洛奇／哥爾姆

烏特加爾洛奇城堡中的比賽

眾神 VS. 烏特加爾洛奇的幻術

題目	眾神代表	結果	幻術的真相
賽跑	希亞費	敗北	思考的速度
競食比賽	洛奇	敗北	野火
將酒杯喝乾	索爾	喝不完	海水
將貓舉起	索爾	舉不起來	約爾孟甘德
跟老婆婆艾莉摔角	索爾	單膝著地	衰老

斯克里米爾與索爾

斯克里米爾是索爾在前往東方途中遇見的巨人。他的體型巨大的不得了，索爾等人甚至還把他的手套誤認為是間奇怪的館邸。他們原本決定要結伴同行，可是斯克里米爾不是綑綁糧袋的繩索解不開，就是打鼾聲音太吵，搞得索爾等人是心神俱疲。〈欺騙吉魯菲〉說這個巨人的真正身份便是烏特加爾洛奇。

No.055　ヒュミル

希米爾

Hymir

希米爾是位被迫陪著雷神索爾去釣約爾孟甘德的老巨人，而這件事也讓他因此丟了性命。

●跟索爾同去釣蛇的巨人

　　希米爾乃是以戰神**提爾**之父而爲人所知的老巨人。據《詩歌愛達》的〈希米爾之歌〉記載，希米爾跟被雷神**索爾**打倒的巨人**芬葛尼爾**是好朋友，所以對索爾早就心有不快。除此以外，相傳他有個共有九百個腦袋的母親，有位長著白色眉毛的美麗妻子，麾下還有許多部屬。

　　希米爾有一口釀造麥酒的偌大鍋子，有次眾神要在海神**阿戈爾**館邸舉辦宴會，於是負責找鍋子的索爾和提爾便前來拜訪希米爾商借。儘管除提爾母親以外的巨人全都不是很樂意，但還是準備了晚餐招待兩人，可是席間索爾毫不客氣地大啖大嚼，希米爾見索爾食量如此驚人，便碎碎叨唸道「這下不去海邊抓東西吃不行了」，索爾聞言便提議說要出力幫忙，他砍下希米爾所養牛隻的頭顱當餌，從海裡釣上了**約爾孟甘德**。大蛇被索爾用雷神之鎚一擊再度沉入海底，但船板卻在索爾使勁時被踏出了一個大洞。回程中希米爾始終是心情極差，返抵自家以後便盤算著要讓索爾丟丟臉，於是便提議要玩砸玻璃高腳杯的遊戲。其實這只高腳杯是個普通方法砸不壞的魔法道具，豈料希米爾的妻子卻教索爾拿高腳杯往他頭頂砸，所以高腳杯就被索爾給砸壞了。此時希米爾心情更是差到極點，於是便告訴索爾鍋子已經準備好了，要他把鍋子帶回去。原來這鍋極重沒人拿得動，希米爾想說這樣索爾就會垂頭喪氣回去，豈料索爾卻面不改色，輕易將鍋子舉起。至此希米爾終於按捺不住怒火，率麾下部屬攻向索爾，卻反遭索爾擊敗殺死。

　　此外，《史諾里愛達》的〈欺騙吉魯菲〉則說索爾拜訪希米爾之目的是要跟當初在烏特加爾讓他丟臉的約爾孟甘德決一勝負。

118

被迫陪索爾去釣蛇的巨人 —— 希米爾

族 屬

巨人族

所在地

埃利伐加爾以東

解說

隨雷神索爾同行去釣約爾孟甘德的巨人，亦有傳說指其為戰神提爾的父親。相傳他對打敗友人芬葛尼爾的索爾頗有敵意

特徵

擁有光是睨視便能進行破壞的銳利眼神，鬚髯還懸有冰柱，頭殼極為堅硬

--- 持有物 ---

麥酒釀造鍋／堅固的魔法玻璃杯

--- 主要相關神明與人物 ---

索爾／提爾

索爾拜訪希米爾傳說之異同

希米爾之歌		欺騙吉魯菲
為在阿戈爾館邸舉行宴會必須取得麥酒釀造鍋	目的	向當初在烏特加爾洛奇的城堡讓自己丟臉的約爾孟加德報仇
提爾以帶路人身份同行	同行者	獨自訪問
誘釣約爾孟甘德激起希米爾的敵愾之心，希米爾遂以麥酒釀造鍋為賭注欲與索爾分勝負，最終是由索爾勝出並得到鍋子	垂釣的結果	索爾成功釣起約爾孟加德，卻因為希米爾的妨礙，而沒能給約爾孟加德致命一擊
喪失顏面的希米爾率領軍隊追擊索爾等人，卻反遭擊敗	結局	索爾對他的妨礙甚是憤恨，痛毆希米爾一頓，然後就回阿薩神域去了

關聯項目

◆索爾→No.023
◆提爾→No.025
◆芬葛尼爾→No.050

◆阿戈爾→No.056
◆約爾孟加德→No.059

阿戈爾

Ægir

阿戈爾是統治濤浪不息外海區域的巨人，同時也是眾神之友。溺斃者及其財富均歸阿戈爾與其妻所有。

●統治海洋的巨人

擁有幾米爾（Gymir）、福雷爾（Hlér）等許多名字的阿戈爾是亦稱海神的巨人之王，海洋和海裡的財富便是由他與妻子拉恩共同管轄統治。相傳死於海中的溺斃者亦是由他們支配。《史諾里愛達》說他住在某個名叫福雷斯耶（Hlésey）的島嶼，他的館邸非常豪華，甚至還用黃金散發的光芒當作館內的照明使用。阿戈爾亦通曉魔法，他在住處裡有許多貼心的設計，諸如自動將酒送到客人面前。除此以外，這館邸本身亦是個神聖的場所，館內一律禁止爭執與鬥毆等情事。

阿戈爾是**巨人族**裡極罕見與眾神締有同盟關係的巨人，關係甚至好到經常相邀召開酒宴。不過《詩歌愛達》的〈希米爾之歌〉就描述到眾神單方面要求舉辦酒宴，阿戈爾回答要眾神取得「可以釀造足夠你們大家喝的麥酒」的鍋子，可見雙方關係倒也不一定如前述那般友好。

●阿戈爾的家人

阿戈爾與妻子拉恩共有九個象徵海浪的女兒。這九位女性有時亦被視同於眾神門房**海姆德爾**的母親，可是《史諾里愛達》的〈詩語法〉所記載的名字卻與海姆德爾的母親不同，是以無從得知阿戈爾究竟是不是海姆德爾的祖父。另外阿戈爾還有對分別叫作費瑪芬格（Fimafeng）與埃爾迪爾（Eldir）的優秀僕從，此二人雖然因為優秀而頗受眾神讚賞，不過費瑪芬格後來卻遭對此感到不滿的惡神**洛奇**殺害。

濤濤海洋的統治者──阿戈爾

族　屬
巨人族／阿薩神族

神　格
洶湧海洋之神 海中死者之神

領　地
外海 福雷斯耶島

解說

統治海中財富與溺死者的巨人。相傳船員溺斃後會帶著黃金獻給阿戈爾。阿戈爾與眾神關係友好，經常相邀酒宴

特徵

《詩歌愛達》和《史諾里愛達》並無特別記載，亦說他是位戴著頭盔、蓄白鬍鬚的削瘦老人

持有物
麥酒釀造鍋（得索爾轉讓）

主要相關神明與人物
索爾／布拉基／拉恩／九位海精靈／費瑪芬格／埃爾迪爾

阿戈爾館邸及其家族

相傳位於海底抑或西方福雷斯耶島的阿戈爾館邸。此館邸乃是以黃金板作為照明，食物和美酒還會自動送到面前。傳說阿戈爾會把自己中意的溺死者召至此館邸內招待

拉恩

阿戈爾之妻，有張用來收集溺死者的魔法之網。由於她喜歡黃金，因此據說北歐人出海時必定會貼身攜帶少許金幣

阿戈爾的九個女兒

希明萊瓦／都法／貝蘿度格達／赫佛琳／烏娜／赫蘿恩／拜爾琪雅／芭拉／庫爾嘉＊，負責司掌海面的浪濤

費瑪芬格與埃爾迪爾

阿戈爾的僕從。費瑪芬格因為太優秀而成為惡神洛奇嫉妒的對象、遭到殺害

＊庫爾嘉等人：這九位海精靈分別是希明萊瓦（Himinglæva）、都法（Dúva）、貝蘿度格達（Blóðughadda）、赫佛琳（Hefring）、烏娜（Uðr）、赫蘿恩（Hrönn）、拜爾琪雅（Bylgja）、芭拉（Bára）和庫爾嘉（Kólga）。這是《史諾里愛達》的版本，《詩歌愛達》則有不同版本。

關聯項目

◆海姆德爾→No.029　　　　　◆洛奇→No.057
◆巨人族→No.045

洛奇

Loki

洛奇是位招致災厄卻也帶來恩惠的謎樣神明。有人說他是惡魔，也有人說他是奧丁的影子，而他究竟是個什麼樣的存在呢？

●諸神世界的異端份子

惡神洛奇乃是巨人法烏爾巴烏提（Fárbauti）和洛菲（Laufey）之子，儘管身為血統純正的巨人，卻與主神奧丁結成血誓兄弟，還被接納成為阿薩神族的一員，而他跟雷神索爾、海尼爾等阿薩神的關係似乎也甚為友好。洛奇非但擁有優越的變身能力，而且還是雌雄同體，除奧丁的愛馬**斯萊布尼爾**以外，其他像巨狼**芬里爾**、大蛇**約爾孟甘德**、死者女王**海爾**等也都是他的兒女。《史諾里愛達》中〈欺騙吉魯菲〉說洛奇容貌俊美，但性格乖張而喜怒無常，若論詭詐則無人堪與其並肩，無論面對任何事情均是狡猾非常。然而洛奇卻也並非完全邪惡，許多時候他之所以對眾神造成傷害，通常都是受巨人脅迫而然，他的狡智亦曾多次拯救眾神免於危難，甚至眾神有許多寶物，其實都是他在惡作劇以後作為賠償給眾神的。

然而，自從洛奇陷害盲眼神明霍獨爾使其誤殺光之神巴多以來，他便突然開始曝露出對眾神的敵意。他阻止巴多的復活，還在海神阿戈爾的宴會痛罵眾神然後揚長而去。既然事已至此，眾神也就無法再放任他恣意妄為，經過一番搜索終於將他擒住，於是洛奇就此被囚禁在地底，被施加以蛇毒滴臉的拷問。平時蛇毒是由洛奇的妻子西格恩拿器皿接著，但每次西格恩將蛇毒拿去倒掉的時候，蛇毒就會滴到他臉上，洛奇的痛苦掙扎便會使得大地為之震動。也許是心裡還有股怨氣，洛奇後來在終末戰役諸神黃昏之際，竟然擔任**穆斯佩**船隻的船夫，率眾攻上阿薩神域，然後跟舊仇人眾神門房**海姆德爾**發生戰鬥，最後雙雙殞命。

帶來恩惠與混亂的惡神 —— 洛奇

族　屬

阿薩神族／巨人族

神　格

狡智與惡意之神
奧丁的影子？

解說

憑主神奧丁義兄弟身份成為阿薩神族一員的巨人。帶來許多恩惠的同時卻也招致諸多災厄，殺害巴多以後就被幽禁於地底。終末戰役諸神黃昏當中，洛奇與海姆德爾捉對廝殺、同歸於盡

特徵

洛奇是兼具雌雄兩性的存在，並擁有變身的能力。其外表氣派而俊美，性格卻是乖張善變。他的嘴巴曾經被人用皮繩縫起來過。

持有物

無

主要相關神明與人物

奧丁／索爾／海尼爾／芬里爾／約爾孟甘德／海爾

洛奇的行動及理由

明哲保身的行為

- 受巨人夏基脅迫，助其誘拐女神伊登
- 遭巨人蓋爾羅獨德監禁，承諾替他誘出索爾
- 受索神脅迫，從巨人夏基手中救出女神伊登
- 受索爾脅迫，設法從侏儒手中取得寶物作為希弗頭髮的賠償物

好奇心所致的失敗

- 因為把女神希弗的頭髮剃光而遭索爾招脖子
- 殺死變身成水瀨的弗列茲瑪之子歐特
- 與侏儒（矮人）布羅克兄弟打賭落敗

純粹出於惡意的行為

- 騙盲眼之神霍獨爾殺害光之神巴多
- 化身為女巨人，阻止巴多復活
- 在阿戈爾的酒宴上殺害僕從，然後臭罵眾神

很難說是個完全邪惡的存在

關聯項目

芬里爾

Fenrir

芬里爾便是預言裡面說到的那匹終將成為眾神之敵的巨狼。牠對眾神的信賴，卻讓牠長期受到拘束監禁，直到世界終末的到來。

●吞噬眾神之父的巨狼

芬里爾亦稱赫羅茲費尼爾（Hróðvitnir）或芬里爾狼，是惡神**洛奇**所生三兄妹之一。《史諾里愛達》說牠是洛奇跟女巨人安格爾伯達之子，另有說法指出洛奇是在吃下安格爾伯達的心臟以後，才懷了他們三兄妹。眾神得到預言說這三兄妹將會危害阿薩神族，於是便擒住三兄妹，將**約爾孟甘德**和**海爾**放逐，而當時還小的芬里爾卻被留在阿薩神域養育。不過當時的芬里爾似乎已經非常凶暴，唯獨戰神**提爾**才有能力可以照顧牠。

日漸成長的芬里爾和當初的不祥預言始終使得眾神提心吊膽，於是便決定將芬里爾拘束起來。眾神將牠帶到亞姆斯瓦提尼爾湖（Lake Amsvartnir）某個名叫蘭格維（Lyngvi）的小島，騙芬里爾說要試試牠的力量。儘管覺得眾神的提議相當可疑，但由於提爾願意將手放進芬里爾口中作質，所以牠才相信了眾神所言。豈料眾神竟然食言背信，以名為**饕餮之鍊**的魔法繩索綁縛芬里爾，然後用名為蓋爾加（Gelgja）的鍊子將牠綁在岩石上，甚至還拿劍當作彎銜插在芬里爾口中，使得牠的嘴巴無法閉闔，以致從牠口中流出的大量口水，變成了名叫瓦恩（Ván）的河流。然而，如此的層層綁縛卻也並非全然牢不可破，許多傳說都說芬里爾在終末戰役諸神黃昏揭開序幕的同時便遭到解放，還吞了主神奧丁一雪其恨，不過隨後立刻就遭到奧丁之子**維達**將其顎骨扯裂（另有傳說是遭劍貫穿心臟）而斷氣。

除此以外，《詩歌愛達》的〈女先知的預言〉裡的芬里爾則是一個民族的名字。

吞噬一切的巨狼 —— 芬里爾

族 屬

巨人族

所在地

亞姆斯瓦提尼爾湖的蘭格維島

（解說）

惡神洛奇與女巨人安格爾伯達所生三兄妹之一。因為預言說牠會為眾神帶來災厄而遭到拘束。終末戰役諸神黃昏之際將主神奧丁吞噬，最終遭到維達討伐

（特徵）

上顎頂天、下顎頂地的巨狼。傳說芬里爾能夠從口鼻裡吐出烈焰與濃煙。

持有物	主要相關神明與人物
無	奧丁／提爾／維達／洛奇／約爾孟甘德／海爾 等

芬里爾的綁縛

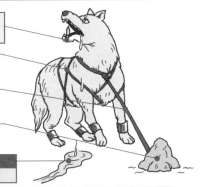

為使芬里爾無法將嘴閉闔，眾神在牠嘴裡插了支劍鋒朝上的劍

饕餮之鏈
綁縛芬里爾的繩索

蓋爾加
連接饕餮之鏈的繩鏈

基奧爾、特維提
固定繩索的岩石

瓦恩
嘴巴無法閉闔流出的口水所變成的河流

眾神因為害怕血染阿薩神域，於是將芬里爾隔離拘束。最後眾神選中的地點便是亞姆斯瓦提尼爾湖的小島蘭格維

約爾孟甘德

Jǫrmungandr

遭眾神況入海底深淵的約爾孟甘德，最後終於成長到軀體足以圈圍整個大地，並成為雷神索爾的宿敵。

●圈圍整片大地的巨蛇

大蛇約爾孟甘德是惡神**洛奇**和女巨人安格爾伯達所生三兄妹之一。眾神認為約爾孟甘德將會是個禍害，剛出生便將牠投入海底，豈料約爾孟甘德非但沒死，還在海裡不斷成長，終於長成可將包括人類世界米德加爾德在內的整個大陸圍起來，還能銜住自己的尾巴的巨蛇，是故約爾孟甘德亦被稱作米德加爾德蛇。

關於約爾孟甘德特別值得一提的，便是牠跟雷神**索爾**的恩怨。《詩歌愛達》的〈女先知的預言〉與〈希米爾之歌〉均有相關記述，不過此節還是選擇內容較為完整的《史諾里愛達》進行介紹。

據說從前索爾拜訪巨人**烏特加爾洛奇**的時候，曾經因為幻術而把約爾孟甘德認作是隻灰色的大貓，當時索爾跟烏特加爾洛奇的比試當中有一項是必須把這隻貓舉起來，可是這隻擁有世界級規模體型的大蛇，根本就不可能舉得起來，但索爾眼中看見的始終只是隻單腳舉起的貓而已。得知真相以後，索爾深感屈辱，遂去拜訪巨人**希米爾**想要釣約爾孟甘德，其後他果然成功釣到約爾孟甘德，可是釣線卻被心生恐懼的希米爾剪斷，所以沒能給約爾孟甘德致命一擊。

終末戰役諸神黃昏當中，約爾孟甘德與兄弟巨狼**芬里爾**一齊逼近眾神的世界，相傳當時地面慘遭約爾孟甘德所引起的大海嘯沖刷，天空與大地亦悉數籠罩在牠吐出的毒液之下，而牠跟夙有恩怨的索爾經過一番激戰以後，終於被雷神之鎚擊碎頭顱而亡，然而牠的毒液卻也入侵索爾身體，導致其死亡。

圍繞著大地的巨蛇 —— 約爾孟甘德

族　屬
巨人族

所在地
海中

解說
惡神洛奇與女巨人安格爾伯達所生三兄妹之一，因為將為眾神帶來災厄而被投入海中。終末戰役諸神黃昏中與夙有恩怨的索爾相抗衡，最後同歸於盡

特徵
巨大到可以圈住包括米德加爾德在內的整片大陸，還能銜住自己尾巴的巨蛇。光是移動便能引起大海嘯，還能吐出劇毒的氣息

持有物
無

主要相關神明與人物
索爾 / 洛奇 / 希米爾 / 烏特加爾洛奇 / 芬里爾 / 海爾 等

索爾與約爾孟甘德的三次勝負

烏特加爾之戰
○ 約爾孟甘德　VS.　✕ 索爾
索爾受烏特加爾洛奇幻術所惑，試圖將自己以為是貓的約爾孟甘德舉起，卻沒能舉起牠的巨體

釣約爾孟甘德
✕ 約爾孟甘德　VS.　○ 索爾
與巨人希米爾同去垂釣時，索爾成功釣起約爾孟甘德，卻在希米爾阻礙下沒能給牠致命一擊

諸神黃昏之戰
△ 約爾孟甘德　VS.　△ 索爾
經過激烈單挑對戰，索爾終於打碎約爾孟甘德的頭骨，可是約爾孟甘德的毒液實在太厲害，讓索爾倒退九步、命喪黃泉

關聯項目

海爾

Hel

遭眾神放逐到極寒的世界，後來卻在極寒世界裡，成為眾死者的女王。

● 奧丁選定的冥界女王

海爾是惡神**洛奇**與女巨人安格爾伯達所生三個孩子的其中一人。據《史諾里愛達》中〈欺騙吉魯菲〉記載，海爾的身體有一半是青黑色，另一半則是人類肌膚的顏色，其表情凶惡而恐怖。

海爾被認為將為眾神帶來災厄，所以跟胞兄大蛇**約爾孟甘德**一起被逐出**喬登海姆**，接著就被打到了極寒世界**尼弗海姆**。主神奧丁將九個世界交給海爾統治，並給予她支配所有符合「稻草之死」（衰老或罹病而死）條件死者的權限。儘管奧丁此舉真正用意無從得知，不過也許是因為這些死者並非勇敢的戰死者英靈戰士，因此奧丁對他們並不感興趣的緣故吧！無論如何，從此海爾便在尼弗海姆地底的尼芙海爾，建立自己的館邸埃琉德尼爾，以死者女王的身份君臨極寒世界。

海爾統治下的死者生活似乎都過得不怎麼好，至少北歐的戰士們大多厭惡稻草之死，臨死之際都選擇自戕而亡。

其實海爾對奧丁之子**巴多**甚厚，不但特別賜巴多寶座，還允准前來探望的**赫摩德**與巴多見面。再者，她甚至還接受交涉，考慮將巴多放回地面世界，只不過這件事後來因為洛奇的阻撓而未得實現。

海爾在終末戰役諸神黃昏之中並未主動採取行動，只將麾下的死者軍團借給洛奇而已。也是因為這個緣故，許多研究者對海爾在諸神黃昏過後有何發展際遇均有不同見解，一說認為海爾存活了下來，並繼續統治支配死於諸神黃昏的眾多死者。

死者國度的統治者 —— 海爾

族　屬
巨人族

神　格
稻草之死（衰老病死） 死者的統治者

領　地
尼弗海姆 尼芙海爾 九個世界

解說
惡神洛奇與女巨人安格爾伯達所生三兄妹之一，被認為將為眾神帶來災厄並因此被打入尼弗海姆。其後獲得九個世界的統治權，君臨於眾死者之上

特徵
海爾是位身體有一半是普通膚色，一半是死人般青黑色的女性，表情險峻，擁有將中意的對象變成受自己統治死者的能力

持有物
無

主要相關神明與人物
奧丁／巴多／洛奇／芬里爾／約爾孟甘德

北歐神話裡人類死後的統治者

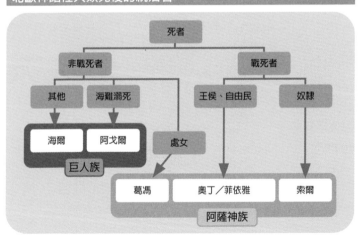

關聯項目

◆喬登海姆→No.011　　　　　　　◆赫摩德→No.027
◆尼弗海姆與尼芙海爾→No.012　　◆洛奇→No.057
◆巴多→No.026　　　　　　　　　◆約爾孟甘德→No.059

諸神黃昏中肆虐為禍的動物

終末戰役諸神黃昏中具有威脅性的，絕對不只是巨人族和穆斯佩的軍隊而已。

●瘋狂而凶暴的猛獸

斯庫爾和哈提這兩隻狼是在眾神與巨人族開戰以前吞噬太陽和月亮，使世界陷入混亂的元凶。根據《史諾里愛達》中〈欺騙吉魯菲〉記載，全族都是狼隻的模樣，但其實牠們原是米德加爾德東方鐵森林裡的女巨人所生下的巨人。《詩歌愛達》中〈葛林尼爾的話語〉則說牠們之所以追逐太陽月亮，目的其實是要守護牠們居住的森林。除此以外，另有說法指出吞噬太陽的是惡神洛奇之子芬里爾，而吞噬月亮的則是棲息於鐵森林的狼族中最強的瑪納加爾姆（Mánagarma）。

至於諸神黃昏中跟戰神提爾同歸於盡的猛犬加爾姆，〈葛林尼爾的話語〉說牠是「所有犬類當中最厲害的」。由於加爾姆被綁著的地點格尼巴，便是通往尼芙海爾之門，因此一般認為《詩歌愛達》的〈巴多之夢〉裡主神奧丁遭遇到的「胸口被鮮血染得赤紅的狗」，指的就是加爾姆。

這些在諸神黃昏中肆虐為禍的動物當中，害得人類最苦的，當屬青喙鷲與棲息於赫維爾蓋爾米爾的尼德霍格。《詩歌愛達》的〈女先知的預言〉說牠們在諸神黃昏裡大啖罪人的屍體。青喙鷲的相關記述便僅止於此而已，而牠也經常被視同為人稱「貪食屍體者」的赫拉斯瓦爾格爾。另一方面，尼德霍格平時似乎便是以犯下罪行的人類屍體為糧食，牠的吃相極為驚人，諸神黃昏過後，牠曾經承載著死者亡魂騰空而起，卻因無法承受載重而墜落。

與眾神敵對的動物

斯庫爾、哈提／Skǫll、Hati

族屬：巨人族

住在鐵森林裡的巨人，其族人全都是狼隻的模樣。斯庫爾追逐著太陽，而哈提追逐的則是月亮，最後太陽和月亮都被牠們追上並遭吞噬。另有記述指出太陽是遭巨狼芬里爾吞噬，而月亮則是被瑪納加爾姆給吃掉

加爾姆／Garmr

族屬：巨人族（尼芙海爾的看門犬）

把守在傳為尼芙海爾門戶的格尼巴洞窟的看門犬。相傳牠是世上最厲害的狗，經常被視同於〈巴多之夢〉裡面奧丁遭遇到的那隻胸口染血的狗。牠在諸神的黃昏來臨時得到解放，並且與戰神提爾同歸於盡

青喙鷲／Niðfǫlr

族屬：不明

諸神黃昏戰役中發出尖銳叫聲、撕裂屍體的鷲鷹。經常被視同為人稱「貪食屍體者」的赫拉斯瓦爾格爾。關於「Niðfölr」此語有各種不同解釋，亦有說法認為此語指的很可能就是尼德霍格

尼德霍格／Níðhǫggr

族屬：不明

傳說中棲息於尼弗海姆的泉水赫維爾蓋爾米爾池畔、啃食伊格德拉西爾樹根的有翼黑龍。平常就是以泉水中湧出的罪人屍體為食。諸神黃昏過後，尼德霍格曾試圖載著死者亡魂振翅而起，最後卻是以沉淪收場。不過亦有說法認為沉淪的並非尼德霍格，而是行預言的巫女的意識。

關聯項目

◆尼弗海姆與尼芙海爾 →No.012　　◆洛奇 →No.057
◆奧丁→No.017　　　　　　　　　◆芬里爾→No.058
◆巨人族 →No.045

其他巨人

北歐神話裡除了先前和此節介紹的巨人以外，還另有各種形形色色的巨人存在。

● **在神話裡留下身影的各種巨人**

赫拉斯瓦爾格爾之名可見於《詩歌愛達》的〈瓦夫特魯德尼的話語〉等文獻，是位居住在天空北端、鷲鷹模樣的巨人，據說他每次騰空而起拍擊羽翼的時候就會颳風。赫拉斯瓦爾格爾因為亦稱「屍體貪食者」而經常被視同於青喙鷲，其樣貌則使他經常被視同為棲息於世界樹伊格德拉西爾枝枒的鷲鳥。

希爾羅金是曾經參加**巴多**送葬隊伍的女巨人，她平時是以蛇作為韁繩騎乘著一匹狼。希爾羅金擁有一身怪力，只輕輕一推便將載著巴多遺體的船隻推出海。〈欺騙吉魯菲〉說從前雷神很討厭希爾羅金的嘈雜聒噪，曾經想把她打死，後來被眾神勸阻下來。《詩歌愛達》的〈辛德拉之歌〉裡的辛德拉是位通曉各種知識的巨人族巫女。從前女神**菲依雅**曾經半脅迫性的懇求她將如何順利繼承祖先遺產的方法傳授給菲依雅的情人，辛德拉即使百般不願意也只能順從於菲依雅的要求。

畢利是曾經與豐饒神**福瑞**有過爭端的巨人，其名可散見於《詩歌愛達》各篇，戰鬥詳情今已不得而知，總之畢利是因為某種原因與福瑞發生衝突，最後被福瑞用公鹿鹿角撲殺。畢利似乎並不怎麼強，《史諾里愛達》的〈欺騙吉魯菲〉就說福瑞就算空手也能勝過他。在諸神黃昏來臨的同時大舉湧進**阿薩神域**的所有巨人當中，最有名的當屬《詩歌愛達》中〈女先知的預言〉曾經提及的福里姆。相傳當時他拿著一面偌大的盾牌，站在最前頭率領眾巨人從東邊攻上了阿薩神域。除此以外還有位在諸神黃昏發生以前預見到眾神的破滅、愉快地彈奏豎琴的艾格瑟，至於他是否參與諸神黃昏的征討行列，就不得而知了。

形形色色的各種巨人

赫拉斯瓦爾格爾／Hræsvelgr

族屬：不明

擁有「貪食屍體者」名號，化作大鷲模樣的巨人。他住在天空北端，相傳全世界的風均是來自於他的翅膀

希爾羅金／Hyrrokkin

族屬：巨人族

曾參加巴多送葬行列的女巨人。她騎乘狼隻，以蛇為韁繩。希爾羅金的力氣極大，只輕輕一推便將載著巴多遺體的船隻推出海

辛德拉／Hyndla

族屬：巨人族

擁有豐富知識的女巨人，跟希爾羅金同樣均是以狼為坐騎。曾經順應菲依雅要求，傳授知識好讓菲依雅的情人順利繼承遺產

畢利／Beli

族屬：巨人族

與失去寶劍的福瑞戰鬥，遭鹿角撲殺的巨人。福瑞說過自己即便空手也能勝過畢利

福里姆／Hrymr

族屬：巨人族

諸神黃昏之際帶著盾牌從東邊攻上阿薩神域的巨人。相傳他也就是以死者指甲造成的船隻納格爾法的船夫

艾格瑟／Eggþér

族屬：巨人族

感覺到諸神黃昏即將來臨而心情愉悅的巨人。相傳當時他愉快地彈奏著豎琴，但是否有參戰就不得而知

關聯項目

◆阿薩神域→No.010
◆索爾→No.023
◆巴多→No.026

◆福瑞→No.042
◆菲依雅→No.044

133

侏儒（矮人）

Dvergr

侏儒是群居住在大地底下和岩石當中的矮小名匠，不過他們的性格卻不如手藝來得討人喜歡。

●北歐神話的頂尖工匠

侏儒是北歐神話裡擁有優越技術的矮人。北歐神話所提及的魔法道具幾乎全部都是出自他們手下，這點足以證明他們的技術是何等紮實。然則他們的性格概略而言均屬邪惡，不像眾神或少數巨人那般會成為人類信仰的對象。

侏儒製作的魔法道具大多會受他們的性格感染，許多寶物都必須以某種代價作為交換才能發揮力量。關於這點，侏儒也有相當的理由：這些寶物絕大多數都是受眾神或人類強迫要脅所打造的，當初侏儒就不曾得到應得的報酬。

●侏儒的特徵

根據《詩歌愛達》的〈女先知的預言〉等文獻記載，侏儒是從原初巨人**伊米爾**的屍體（大地）裡如蛆蟲般湧出而誕生的；傳說眾神發現此事後經過商議，決定賦予他們類似於人類的外表及知性。君臨於侏儒之上的領導者是位名叫摩索尼爾（Mótsognir）的侏儒，他跟另一名侏儒杜林（Durinn）從土堆裡生出了許多侏儒。這些侏儒分成兩類，一種住在土堆裡面，一種則是住在岩石之間。

《詩歌愛達》中〈艾爾維斯的話語〉記載，侏儒在鼻子周圍的膚色是死人般的蒼白，而且不耐陽光，受到朝陽照射就會變成石塊。除此以外，關於他們的壽命或體型大小《詩歌愛達》或《史諾里愛達》均無記載，只不過侏儒曾經向女神要求交合，可見他們的體型也並非嬌小到特別驚人的程度。

何謂侏儒

特徵
· 外貌幾乎都很醜陋
· 照射到日光就會石化

持有物
· 擁有龐大的財寶和形形色色的魔法寶物

所在地
史瓦爾德愛爾芙海姆、土堆與岩石之中

能力
· 能夠製作形形色色的魔法道具
· 有些侏儒擁有變身能力

性格
· 邪惡而好色
· 對仇恨牢記在心

侏儒（矮人）

侏儒的周邊關係

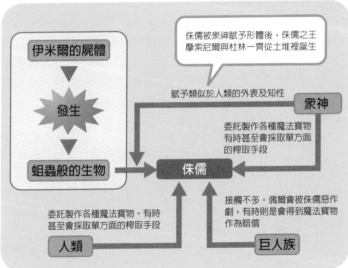

侏儒被眾神賦予形體後，侏儒之王摩索尼爾與杜林一齊從土堆裡誕生

伊米爾的屍體

發生

蛆蟲般的生物

賦予類似於人類的外表及知性

眾神

委託製作各種魔法寶物有時甚至會採取單方面的榨取手段

侏儒

委託製作各種魔法寶物。有時甚至會採取單方面的榨取手段

人類

接觸不多。偶爾會被侏儒惡作劇，有時則是會得到魔法寶物作為賠償

巨人族

關聯項目

◆伊米爾→No.046

愛爾芙（精靈）

Álfar

北歐神話裡面共有兩種精靈，即貌似眾神的流斯愛爾芙和貌似侏儒（矮人）的鐸克愛爾芙。

● 白精靈與黑精靈

　　愛爾芙就是北歐神話裡的精靈。他們在《詩歌愛達》的〈女先知的預言〉和〈斯留姆之歌〉裡面是可以跟眾神相提並論的存在，而〈史基尼爾之旅〉也說他們的樣貌頗為相似。《史諾里愛達》中〈欺騙吉魯菲〉對愛爾芙的樣貌有較為具體的描述，該文獻指出愛爾芙有流斯愛爾芙（白精靈）和鐸克愛爾芙（黑精靈）兩個種類。流斯愛爾芙比太陽還要美，他們住在豐饒神**福瑞**統治的愛爾芙海姆，另說住在第三天維茲布拉茵（Vidbláinn）；另一方面鐸克愛爾芙則是樣貌比瀝青還要黑，住在地底和岩石裡面，或許是同樣都住在地底的緣故，使得鐸克愛爾芙往往會與**侏儒（矮人）**混淆。

● 成為民眾信仰對象的愛爾芙

　　對異教時代的北歐人來說，愛爾芙跟眾神同樣是他們信仰的對象。《挪威王列傳》的〈聖奧拉夫王薩迦〉就曾經描述到某個主婦因為必須獻供品祭拜愛爾芙，而拒絕旅行者借宿的要求。《科爾馬克薩迦》（Kormak's saga）也提到人們祈求重傷痊癒時，會向住在土塚裡的愛爾芙獻祭牲品，這些薩迦所描述的精靈們並不住在愛爾芙海姆，而是都住在土塚裡面。此類土塚在北歐通常都是埋葬各地方有力人士的墓所，因此精靈或許是某種的祖靈也未可知。事實上十世紀統治挪威南部的奧拉夫王，在下葬於某個名叫蓋爾史塔茲的場所以後，便演變成蓋爾史塔茲的精靈，成為民眾祈求豐收時獻供品祭拜的對象。

何謂愛爾芙

流斯愛爾芙（白精靈）Ljósálf	鐸克愛爾芙（黑精靈）Døkkálfr
所在地 愛爾芙海姆 第三天維茲布拉茵	**所在地** 地底世界
特徵 比太陽還要美麗 （貌似眾神）	**特徵** 比瀝青還要黑 （貌似侏儒）

愛爾芙的周邊關係

神話裡的關係

福瑞

↓ 統治

流斯愛爾芙

↕ 親近而友好的關係

其他眾神

視同於　鐸克愛爾芙 ⇄ 侏儒（矮人）

現實世界的關係

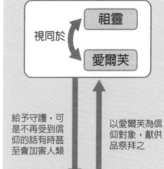

視同於　祖靈 ⇄ 愛爾芙

給予守護，可是不再受到信仰的話有時甚至會加害人類

以愛爾芙為信仰對象，獻供品祭拜之

人類

關聯項目

◆福瑞→No.042　　　　◆侏儒（矮人）→No.063

穆斯佩

Muspell

穆斯佩就是終末戰役諸神黃昏中挑戰眾神的灼熱國度住民，擁有連眾神都要受壓制的力量。

●灼熱世界的住民

穆斯佩是最古老的世界**穆斯佩海姆**的居民。他們擁有能夠承受穆斯佩海姆高溫的強韌肉體，同時更擁有能在戰鬥中使出讓眾神爲之驚嘆的獨特陣形的高度智慧。一說穆斯佩此名有「審判日、世界終末」的涵意，而終末戰役諸神黃昏之際，他們也果然不負其名，將世界導向了破滅。

穆斯佩與眾神的激烈衝突，在《詩歌愛達》的〈瓦夫特魯德尼的話語〉等文獻所描述的各種場面裡都有預言。儘管眾神對惡神**洛奇**的兒女採取的防備措施堪稱爲過度，但他們對穆斯佩卻是毫不干涉。同樣地，穆斯佩也並沒有在諸神黃昏來臨以前採取行動。

即使穆斯佩擁有強大的力量，名號爲人所知的卻僅止於穆斯佩之長蘇爾特及其妻辛摩拉而已。《史諾里愛達》的〈欺騙吉魯菲〉記載，從前蘇爾特便是手持燃燒的寶劍，戍守在穆斯佩海姆的邊境，至於其身影可見於古詩集《菲歐史維德之歌》（Fjölsvinnsmál）的辛摩拉，則是負責嚴密看守保管蘇爾特的寶劍**雷瓦霆**。他們倆唯一害怕的是棲息於世界樹**伊格德拉西爾**樹頂的黃金公雞維多福尼爾，相傳每日都深受其啼聲困擾。

諸神黃昏來臨的同時，穆斯佩也展開了侵略。《詩歌愛達》中〈女先知的預言〉說當時他們是和洛奇搭乘用死人指甲製成的船納格爾法前來，〈欺騙吉魯菲〉則說蘇爾特騎著馬走在最前頭，其軍勢極爲浩大凌厲，就連連接天與地的彩虹橋比夫羅斯特也因而崩落。雙方就在先前老早決定好的戰場維格利德決一雌雄。此戰勝負如何眾說紛紜已不可考，不過可以確定的是，世界的確被蘇爾特縱放的火焰燃燒殆盡，宣告終結。

何謂穆斯佩

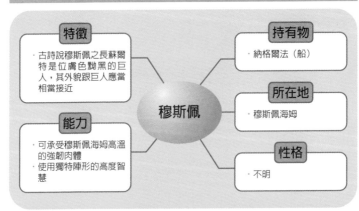

特徵
· 古詩說穆斯佩之長蘇爾特是位膚色黝黑的巨人，其外貌跟巨人應當相當接近

能力
· 可承受穆斯佩海姆高溫的強韌肉體
· 使用獨特陣形的高度智慧

穆斯佩

持有物
· 納格爾法（船）

所在地
· 穆斯佩海姆

性格
· 不明

穆斯佩的侵略路線

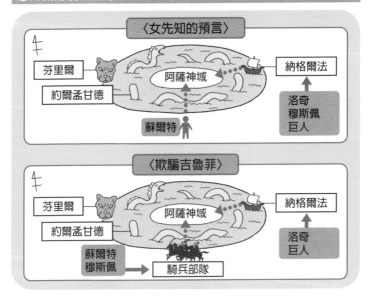

〈女先知的預言〉

芬里爾

約爾孟甘德

阿薩神域

蘇爾特

納格爾法

洛奇
穆斯佩
巨人

〈欺騙吉魯菲〉

芬里爾

約爾孟甘德

阿薩神域

蘇爾特
穆斯佩

騎兵部隊

納格爾法

洛奇
巨人

佛爾頌家族

Vǫlsungar

佛爾頌家族是有許多英雄輩出的家族。他們體內流著主神奧丁的血液，並且受到奧丁的庇護。

●英雄輩出的家族

　　佛爾頌家族是以繼承主神**奧丁**血統的齊奇（Sigi）為肇始的家族。他們是支有極多英雄輩出的家族，薩迦等傳說裡提及的**漢登格屠殺者海爾吉**和屠龍者**齊格魯**都在其列。《佛爾頌薩迦》對此家族有詳細的描述。

　　佛爾頌家族的始祖齊奇曾經因為狩獵所得到的獵物與人發生爭端、殺死名叫史卡姬[*1]的男僕而遭處流放之刑，可是武勇過人的齊奇後來卻成了統領匈人的國王，直到將屆老年以前一直維持王者的鼎盛權勢，最後卻是遭外戚殺害而喪命。當時出外遠征的齊奇之子利里爾（Rerir）聽聞父親訃報立刻揮師返朝，報得父仇並登基為王。利里爾是位堂堂王者卻嗣息福薄，每日都和妃子同聲向眾神之母**福麗嘉**祈禱求嗣，福麗嘉心有不憫遂與奧丁商量，還讓**瓦爾妲基麗婭**帶著可獲子嗣的蘋果，賜後嗣予利里爾夫婦；當時他們所生下的孩子便是佛爾頌，也是後來佛爾頌家族族名的起源。儘管佛爾頌的雙親在他誕生後不久便即辭世，他還是順利成長，成為堂堂的國王。待到佛爾頌進入適婚年齡，眾神又將當初負責送蘋果來的瓦爾妲基麗婭芙琉姿（Ljod）送到佛爾頌身邊，嫁他為妻。他們過著非常幸福的婚姻生活，生有十男一女，其中最優秀的便屬長男**齊格蒙**及其雙胞胎妹妹齊格妮了。後來有個說是約塔蘭[*2]之王西格爾的男子來向齊格妮求婚，豈料西格爾卻為了出現於婚禮宴席間的奧丁之劍而跟齊格蒙爭執起來，還讓齊格蒙好生羞辱了一番。這件事雖然當場粉飾過去了，但西格爾始終無法忘懷受辱之恨，最後竟將齊格蒙與齊格妮的家族全數滅絕殆盡。

[*1] 史卡姬：雖然同名，但此處所指並非女神史卡姬。關於女神史卡姬請參照。

[*2] 約塔蘭（Gotaland）：瑞典南部主要地區，自從十八世紀中葉以來，這裡就是瑞典人口最密集的地區，當時占全國人口的60%。

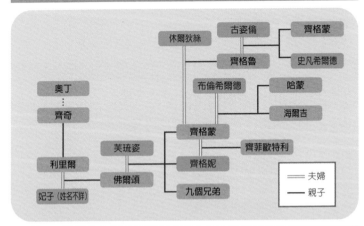

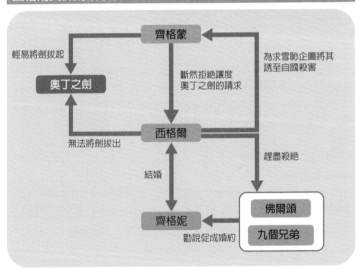

佛爾頌家族

休爾狄絲

古姿倫 ─ 齊格蒙

齊格魯 ─ 史凡希爾德

奧丁
齊奇

布倫希爾德 ─ 哈蒙

海爾吉

齊格蒙

芙琉姿

利里爾

佛爾頌

妃子（姓名不詳）

齊菲歐特利

齊格妮

九個兄弟

═══ 夫婦
─── 親子

西格爾與佛爾頌家族

齊格蒙

輕易將劍拔起

奧丁之劍

斷然拒絕讓度
奧丁之劍的請求

為求雪恥企圖將其
誘至自國殺害

無法將劍拔出

西格爾

趕盡殺絕

結婚

齊格妮

佛爾頌

九個兄弟

勸說促成婚約

齊格蒙

Sigmundr

齊格蒙是憑著奧丁之劍替族人報仇成功的英雄，但是當寶劍被奧丁折斷的時候，他的命運也走到了盡頭。

● 薩迦所述兩名英雄的父親

　　齊格蒙乃是以**漢登格屠殺者海爾吉**以及屠龍者**齊格魯**之父而聞名的英雄，其人生同樣也是波瀾萬丈，絲毫不遜色於他的兩個兒子。《佛爾頌薩迦》裡是這麼說的：

　　齊格蒙因為出現在胞妹婚宴上的**奧丁**之劍，而與妹婿約塔蘭之王西格爾發生了爭執。西格爾未能得到寶劍，於是便假言要舉辦宴會招待齊格蒙一族，企圖將其召至自國謀殺之，所幸齊格蒙因為胞妹齊格妮的機智而逃得性命，藏匿起來，等待時機以圖報復。齊格妮為幫助兄長培植復仇力量，遂改作魔法師裝扮與齊格蒙發生關係，生下了齊菲歐特利（Sinfjötli）。齊菲歐特利直到滿十歲以後才被送到齊格蒙身邊，學習各種技術。這時齊格蒙認為時機成熟而展開復仇行動，卻反遭擊敗，還跟齊菲歐特利一起被活埋在地底，兩人之間僅有一塊岩石之隔。此時仍賴齊格妮心生一計，用稻草把培根肉和奧丁之劍包裹成束、送到齊格蒙手中。於是身處地穴的兩人便持此劍劈開岩石逃出生天，跟著就要縱火燒掉國王館邸以圖報仇，可是此時齊格妮卻對兄長說出齊菲歐特利其實是他們兩人所生孩子的真相，並且選擇與國王一起葬身火窟。後來齊格蒙返回故國、登上王位，還跟布倫希爾德生下哈蒙（Hámundr）和海爾吉二子。可是跟王妃關係惡劣的齊菲歐特利卻遭其毒殺，而齊格蒙也就此與布倫希爾德離異。其後齊格蒙又納新妃休爾狄絲，卻又因而跟從前曾向休爾狄絲求過婚的漢登格家族倫格費王爆發了戰爭。齊格蒙在這場戰事當中被奧丁折斷了象徵其守護力量的寶劍，鬱鬱殞命。看著齊格蒙斷氣的休爾狄絲後來則是接受丹麥王子愛爾芙（Alf）保護，並且在丹麥生下了齊格魯＊。

＊《尼伯龍根之歌》和華格納歌劇稱為「齊格飛」（Siegfried）。

大名鼎鼎眾英雄的生父──齊格蒙

族　屬
人類

解說

齊格魯、海爾吉等英雄的生父。自從伸手拿起胞妹婚宴裡插在木頭上的奧丁之劍以後，他就注定要步上波瀾壯闊而淒烈的命運

特徵

其能力在眾兄妹當中最為突出優秀。曾經一度因為不慎碰觸到受詛咒的毛皮，而必須以狼的模樣過活

持有物

奧丁之劍

主要相關神明與人物

奧丁／海爾吉／齊格魯

齊格蒙的一生

奧丁之劍

齊格蒙因奧丁之劍所致糾紛得罪女婿西格爾，而使得全族都被騙到西格爾的國家，除齊格蒙以外的族人全數遭到誅殺

復仇、與胞妹訣別

倖存下來的齊格蒙靜待時機，帶著與齊格妮生的兒子齊菲歐特利報仇成功，但齊格妮卻選擇與西格爾同生死、葬身火窟

齊菲歐特利遭暗殺

齊格蒙報得大仇後又娶布倫希爾德，生下二子。然則齊菲歐特利卻遭妻妃的親戚暗殺，導致齊格蒙與布倫希爾德離異

被奧丁玩弄於股掌的命運

齊格蒙與從前曾向自己的新妻子休爾狄絲求過婚的倫格爾王（King Lyngvi）發生衝突。奧丁卻在戰事進行中突然現身將劍折斷，使得齊格蒙因而殞命

關聯項目

◆奧丁→No.017
◆海爾吉（漢登格屠殺者海爾吉）→No.068
◆齊格魯→No.069

海爾吉（漢登格屠殺者海爾吉）

Helgi

海爾吉是受到命運女神眷顧守護的英雄，命中注定要偕同戀人不斷轉世重生。

●轉世重生的戀人

海爾吉乃齊格蒙王之子，也是曾受諾恩祝福「將成為所有國王當中聲譽最高的國王」的人物。他波瀾萬丈的生涯故事在《詩歌愛達》的〈漢登格屠殺者海爾吉之歌〉（Helgakviða Hundingsbana）和《佛爾頌薩迦》都有詳細的描述。

沿襲當時將幼子托予優秀人物寄養的風俗習慣，海爾吉同樣也被交付予勇士海爾佳（Halga）撫養鍛練，長成一名堂堂青年。十五歲的時候他曾經遭遇到父親的仇家海登堡家族潛入館邸的事件，不過當時靠著變裝扮成女傭才逃過一劫。後來海爾吉夥同同父異母的胞兄齊菲歐特利攻進漢登格家，消滅漢登格王及其諸子，而海爾吉便是在回途當中結識了胡格尼王（King Hǫgne）的女兒——瓦爾妲基麗婭希格露恩。〈漢登格屠殺者海爾吉之歌〉說他們倆前世便是情人，希格露恩從以前就一直愛慕著海爾吉，可是她的父親卻替希格露恩跟葛蘭瑪國王（King Granmarr）霍多布洛德（Hǫðbroddr）訂下了婚約。她因為厭惡這樁婚約而離開父親，投奔海爾吉。

海爾吉這邊也為了要迎娶希格露恩而舉兵相抗，經過一番激戰之後，終於消滅霍多布洛德以及胡格尼家族，兩人得以幸福地共同生活，可是唯一投降並存活下來的希格露恩胞弟達格卻無法接納如此結果，他向奧丁祈求守護，然後便持向奧丁借得的長槍暗殺了海爾吉。面對不住向自己道歉的弟弟，希格露恩卻只能以各種詛咒相對，悲傷得終日以淚洗面。海爾吉看見希格露恩的狀況心有不忍，便暫時回到世間，與希格露恩共度一夜，此後就再也沒有出現，而不久後希格露恩也彷彿是追隨海爾吉般地結束了短暫的生命。據說後來他們兩人仍轉世重生，再續情緣。

不斷轉世重生的英雄——海爾吉

族　屬
人類

解說

海爾吉乃齊格蒙王之子，他成功消滅從父親那裏便與他們敵對的漢登格王，獲得「漢登格屠殺者海爾吉」的稱號。後來遭到妻舅殺害，但曾經為了悲嘆不已的妻子回到凡間停留一夜

特徵

受到諾恩祝福的王。他善待部下，性格爽朗。他與妻子是不斷轉世重生的多世夫妻

持有物

愛馬維格布列爾（Vigblær）

主要相關神明與人物

齊格蒙／齊格魯／希格露恩

✂ 漢登格屠殺者的前世來生 ✄

在同名人物眾多的北歐世界，不少人通常都是以綽號稱呼之。海爾吉的綽號亦是當中一例，不過其綽號卻因為他的不斷轉世而變得更形重要。

漢登格屠殺者海爾吉在前世是挪威國王休瓦茲（Hjǫrvarð）之子。他因為是個啞巴所以沒有取名，僅以休瓦茲之子稱呼。後來是瓦爾妲基麗婭斯薇法（Sváva，希格露恩的前世）看出他擁有英雄的素質，才賜予海爾吉之名以及名劍，還成為他的守護者。海爾吉獲得斯薇法的守護之後屢立戰功，最後還與斯薇法結成姻緣，然則這份幸福卻並不長久。海爾吉胞弟赫丁（Hedin）對斯薇法亦存有愛慕之意，有次他在某個宴席場合立下神聖的誓言，揚言要把兄嫂納為己有，後來這個誓言變成了詛咒，導致海爾吉命喪沙場。

另一方面，漢登格屠殺者轉世以後則是成了瑞典的「哈汀賈爾的勇士」海爾吉。他帶著希格露恩轉世的瓦爾妲基麗婭凱拉（Kára）的守護征戰沙場，可是某次在與丹麥人的戰爭當中把劍揮得太高，以致斬殺到變成天鵝跟隨在後的凱拉。海爾吉失去凱拉的守護以後，當然也不可能平安無事，最終也在這場戰役當中丟了性命。

關聯項目

◆奧丁→No.017　　　　　　　　　◆諾恩→No.037

◆瓦爾妲基麗婭→No.022　　　　　◆齊格蒙→No.067

No.069 シグルズ

齊格魯

Sigurðr

齊格魯乃是以屠龍者而馳名的英雄，因為背叛深愛的女性而喪失了性命。

● 屠龍英雄齊格魯

擁有屠龍者高名的齊格魯是佛爾頌家族的國王**齊格蒙**之子。他的母親休爾狄絲在齊格魯死後又與丹麥國王希亞普瑞克（Hjalprek）的王子愛爾芙再婚，因此齊格魯的少年時代便是在愛爾芙的身邊度過，當時負責照料齊格魯的便是著名的鐵匠雷金（Reginn）。

當齊格魯長大成為相貌堂堂的青年以後，成功消滅了父親的敵人漢登格家族，得報父仇。此外他還在雷金的勸說之下，打倒了因為受黃金薰心而變成龍的雷金之兄**法夫尼爾**，後來齊格魯應雷金要求將法夫尼爾的心臟拿去燒的時候，不小心舔舐到法夫尼爾的血液，從此便能通曉動物的語言；他從小鳥的唧啾聲裡得知雷金已經背叛自己，於是便殺死雷金，然後將黃金馱在愛馬格拉尼馬背，踏上了歸途。回程途中，小鳥們又勸齊格魯順道彎去一座叫做辛達費爾（Hindarfell）的山。那裡有座被熊熊火焰包圍的館邸，這裡有位瓦爾妲基麗婭沉眠於其中，齊格魯救出這位瓦爾妲基麗婭，從而得其傳授各種知識。

齊格魯在這場冒險以後投奔於海姆王（King Heimr）麾下，與海姆王的義姐**布倫希爾德**締下婚約。另外，《詩歌愛達》的〈布倫希爾德赴地獄之旅〉（Halreið Brynhildar）也記載說齊格魯在辛達費爾山頂搭救的瓦爾妲基麗婭不是別人，正是布倫希爾德。可是後來齊格魯卻在拜訪幾優基王（King Gjúki）的時候娶了國王的女兒古姿倫，甚至還為了跟自己變成姻親兄弟的幾優基之子古納爾，欺騙曾經深愛過的布倫希爾德嫁給古納爾。這件事讓齊格魯從此遭到布倫希爾德怨恨，甚至還因而丟了性命；原來古納爾早已被齊格魯的黃金迷惑，布倫希爾德便慫恿他暗殺了齊格魯。

屠龍英雄——齊格魯

族　屬
人類

解說

齊格魯是日耳曼文化圈的屠龍英雄。德國的騎士傳說《尼伯龍根之歌》和德國作曲家華格納的歌劇則是將他稱作齊格飛

持有物

格拉墨（劍）
格拉尼（馬）

特徵

法夫尼爾的鮮血與心臟的魔力使他能夠通曉小鳥和動物的語言。此外他對魯納文字和醫術亦頗有心得

主要相關神明與人物

奧丁 / 法夫尼爾 / 布倫希爾德

《詩歌愛達》和薩迦記載的齊格魯冒險旅程

討伐法夫尼爾

受養父雷金慫恿而打倒法夫尼爾，但是齊格魯又因為龍血和龍心的魔力而得知雷金的陰謀背叛，於是便殺死雷金、將黃金取回

搭救瓦爾妲基麗婭

解開沉眠於辛達費爾山頂的瓦爾妲基麗婭所受詛咒，得其傳授各種知識

跟古姿倫結婚、助古納爾娶妻

齊格魯前往拜訪幾優基王，並與其女古姿倫結婚。後來齊格魯還變裝去替小舅子古納爾向阿特利王（King Atli）的妹妹布倫希爾德求婚，成功締結婚約

遭暗殺身亡

某次跟古姿倫發生爭執，使得原本傾心於齊格魯的布倫希爾德失去控制，而古納爾遂在布倫希爾德的挑撥慫恿之下，暗殺了齊格魯

關聯項目

◆瓦爾妲基麗婭→No.022　　◆法夫尼爾→No.070
◆齊格蒙→No.067　　◆布倫希爾德→No.071

法夫尼爾

Fáfnir

北歐神話裡有個被受詛的黃金所蠱惑的家族，不惜殺死父親得到黃金的長男，最後甚至還捨棄了人類形體而變成巨龍。

●捨棄人類形體的可怕巨龍

　　法夫尼爾是頭可見於《詩歌愛達》與薩迦的巨龍。牠渾身上下都是閃閃發光的鱗片、口吐劇毒的氣息，極為恐怖。但據傳法夫尼爾其實很聰慧賢明，甚至還堪稱為賢者，而且牠的心臟和血液裡還藏著某種能夠理解動物語言的神祕魔力。據說牠還有柄叫作弗洛帝的劍、有頂能使人陷入恐怖的埃吉爾頭盔。《詩歌愛達》中〈雷金的話語〉（Reginsmál）和〈法夫尼爾的話語〉（Fáfnismál）等文獻都說法夫尼爾其實原本是人類，可是他的人生卻因為主神**奧丁**為他們家族帶來的**安德華利的黃金**而全部走樣。原來這批黃金是眾神誤殺其胞弟歐特（Ótr）所以賠給他們的賠償金，由於當初這批黃金乃是眾神以不當手法取得，因而遭到其最初持有者安德華利施以詛咒。法夫尼爾被黃金的燦爛光芒所蠱惑，遂與胞弟雷金同謀殺害父親弗列茲瑪（Hreiðmarr），接著又將雷金和妹妹們趕走，獨自將黃金佔為己有。然後他又在某個叫作格尼塔海茲的原野挖掘洞窟埋藏黃金，並且變身成為巨龍，用身體擋住洞口。

　　然而，法夫尼爾卻同樣難逃黃金詛咒而終致毀滅。原來跟他同樣受黃金蠱惑的雷金，也盤算著要鼓動慫恿當時的第一勇者，同時也是其養子的**齊格魯**殺害法夫尼爾。齊格魯先在法夫尼爾飲水必經的通道裡挖掘地洞藏身，然後趁法夫尼爾經過頭頂的瞬間，舉起名劍格拉墨，貫穿牠的心臟，這一擊果然造成致命傷害，法夫尼爾亦因而殞命。相傳法夫尼爾在將死之際心志忽然恢復正常，並且忠告齊格魯不要染指黃金，可是齊格魯並未聽從法夫尼爾的忠告，以致日後齊格魯及其親屬血族一個個走向了毀滅。

受黃金蠱惑的惡龍——法夫尼爾

族　　屬
不明

所在地
格尼塔海茲

解說

法夫尼爾是得象神讓度受詛咒黃金的弗列茲瑪的兒子。自從殺害父親奪得黃金以後，法夫尼爾就變成了巨龍，最後被覬覦黃金的胞弟雷金用計遭齊格魯殺死

特徵

法夫尼爾是隻匍伏爬行、鱗片閃閃發光的巨龍。其心臟和血液中蘊藏著某種能夠理解動物語言的魔力

持有物
弗洛帝（劍）／埃吉爾頭盔／安德華利的黃金

主要相關神明與人物
奧丁／洛奇／齊格魯／弗列茲瑪／雷金

法夫尼爾的周邊關係

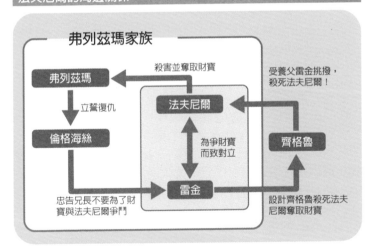

弗列茲瑪家族

弗列茲瑪 ←(殺害並奪取財寶)— 法夫尼爾 ←(受養父雷金挑撥，殺死法夫尼爾！)— 齊格魯

弗列茲瑪 →(立誓復仇)→ 倫格海絲

法夫尼爾 ↕(為爭財寶而致對立) 雷金

倫格海絲 →(忠告兄長不要為了財寶與法夫尼爾爭鬥)→ 雷金

雷金 →(設計齊格魯殺死法夫尼爾奪取財寶)→ 齊格魯

No.071　ブリュンヒルド

布倫希爾德

Brynhildr

布倫希爾德是住在烈焰圍繞的館邸裡面的美麗公主。一份無法得到的愛情，讓她不斷地將周遭眾人往毀滅的漩渦裡推去。

● 為愛瘋狂的公主

　　布倫希爾德是《詩歌愛達》和薩迦都有記載的布德利王（King Buðli）之女，也是阿特利王（King Atli）的妹妹。《詩歌愛達》的〈布倫希爾德赴地獄之旅〉（Halreið Brynhildar）說她是**瓦爾妲基麗婭**，後來卻因為違逆主神**奧丁**而遭施以沉眠的詛咒。她在辛達費爾（Hindarfell）山頂被烈焰包圍的館邸裡陷入沉眠，將她搭救出來的正是以屠龍英雄而馳名的**齊格魯**。當時齊格魯便與布倫希爾德互訴衷情，並且訂下婚約，可是最後齊格魯娶的妻子卻是幾優基王（King Gjúki）的女兒古姿倫。

　　齊格魯在跟幾優基之子古納爾成為姻親兄弟以後，曾經為協助古納爾娶布倫希爾德為妻，而再度造訪辛達費爾。當眾人漸漸走近館邸，古納爾的馬卻畏於火焰而遲遲不肯前進。這下沒輒，齊格魯只能扮成古納爾的模樣，騎著愛馬格拉尼躍過火焰去尋布倫希爾德，布倫希爾德看見古納爾躍過火焰，欣賞他的勇氣於是便決定嫁他為妻。兩人其後的生活也過得相當幸福，可是有次她因為跟古姿倫發生爭執，這才發現了所有內情。遭人背叛的不甘以及對齊格魯難以割捨的思慕，終於點燃了布倫希爾德心中的復仇火焰。

　　布倫希爾德於是便去慫恿丈夫及其胞弟胡格尼（Högne）暗殺齊格魯，起先兩人對殺害姻親兄弟此事甚感躊躇，但兩人最後還是唆使被齊格魯所擁黃金沖昏頭的弟弟古托姆（Guttorm）將其殺害。布倫希爾德得知齊格魯死訊，在一陣高聲長笑後便自刃求死，臨終還要求把她跟齊格魯一同火葬。對布倫希爾德來說，齊格魯終究還是她人生的全部。

為愛焚身的瓦爾妲基麗婭 —— 布倫希爾德

族　屬
阿薩神族／人類

解說

布倫希爾德是布德利王的女兒、阿特利王的妹妹。她本是瓦爾妲基麗婭，卻因違抗主神奧丁而遭詛咒。對齊格魯無法實現的思慕想念使她瘋狂，終於讓她慫恿丈夫古納爾暗殺齊格魯

特徵

布倫希爾德是位美麗的瓦爾妲基麗婭。《佛爾頌薩迦》說她非但有預言的能力，還擁有魯納文字和魔法的相關知識

持有物

安德華拉諾特

主要相關神明與人物

奧丁／齊格魯

布倫希爾德的周遭關係

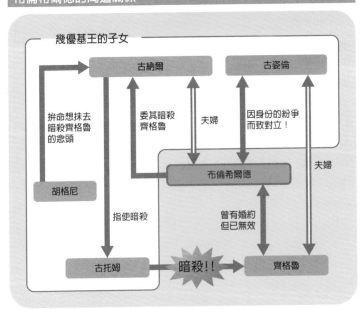

幾優基王的子女

```
            古納爾                  古姿倫

拼命想抹去      委其暗殺      夫婦    因身份的紛爭
暗殺齊格魯      齊格魯              而致對立！      夫婦
的念頭

                        布倫希爾德

胡格尼

        指使暗殺              曾有婚約
                            但已無效

古托姆    →  暗殺！！ →    齊格魯
```

關聯項目

◆奧丁→No.017　　　　　　　◆齊格魯→No.069
◆瓦爾妲基麗婭→No.022

韋蘭

Völundr

遭到囚禁的韋蘭原本是位為妻子打造的財寶和自身自由均遭到剝奪的傳說名匠，最後卻化作了復仇的惡鬼。

●娶瓦爾妲基麗婭為妻的傳奇名匠

韋蘭是《詩歌愛達》中〈韋蘭之歌〉等文獻都有記載的傳說中的名匠，其傳承起源非常古老，據說日耳曼文化圈許多國家對他都並不陌生。

〈韋蘭之歌〉說韋蘭本是芬國（Finn）的王子，有次他跟兩位兄長滑雪出外狩獵，在某個名叫狼谷的地方過夜。隔天早晨，三人在附近的狼池發現三名褪去天鵝羽衣正在織布的瓦爾妲基麗婭，兄弟三人將她們帶回家娶作妻子，過了七年的幸福生活，可是第八年的時候，她們卻又為了趕往戰場而離開了。上頭的兩位兄長決定出外去尋妻，韋蘭卻只是留在家裡打造手環，等待妻子歸來。

後來，尼亞爾（Njars）之王尼德茲（Niðad）聽聞他手藝精純，遂將他擒住，斬斷腳腱，禁閉於孤島塞伐爾斯塔茲（Sævarstöð），企圖獨自佔有他的名家手藝。儘管對自己的境遇感到絕望，韋蘭還是應國王的要求繼續製作寶物，卻也同時暗中伺機報復。首先他殺死來到島上的尼德茲的兩個王子，用他們的屍體做成酒杯和首飾送給國王，接著又趁尼德茲的女兒貝絲維朵（Böðvildr）來訪之際，將之灌得酩酊大醉並且對她施暴。或許是已經感到滿足，韋蘭遂穿起他以鳥類翅膀製成的飛行翼騰空而起，向王宮飛去，然後將殺害兩位王子以及對貝絲維朵施暴、使她懷有身孕的事情告訴了國王。韋蘭對鐵青著臉的國王好生訕笑了一番，然後就離開王宮，不知飛往何處。至於韋蘭後來的狀況如何，故事裡也沒有記載了。

傳說中的名匠──韋蘭

族　屬
人類

解說

日耳曼文化所熟知的傳說名匠。儘管韋蘭遭利慾薰心的國王囚禁、被迫為國王製作寶物，不過許多傳說卻描述他運用機智、反過來讓國王吃盡苦頭

特徵

〈韋蘭之歌〉說韋蘭的腳腱乃遭尼德茲王斬斷

持有物

以鳥羽製成的飛行翼

主要相關神明與人物

瓦爾姐基麗婭

〈韋蘭之歌〉人物關係圖

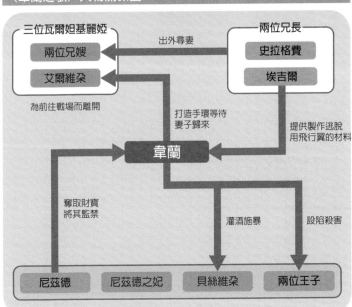

三位瓦爾姐基麗婭

兩位兄嫂

艾爾維朵

為前往戰場而離開

兩位兄長

史拉格費

埃吉爾

出外尋妻

打造手環等待妻子歸來

提供製作逃脫用飛行翼的材料

韋蘭

奪取財寶將其監禁

灌酒施暴

設陷殺害

尼茲德　　尼茲德之妃　　貝絲維朵　　兩位王子

關聯項目

◆瓦爾姐基麗婭→No.022

153

幾優基家族及其後談

幾優基家族指的便是殺害北歐神話最偉大的英雄齊格魯，並且奪得安德華利的黃金的古納爾等人。

心愛的丈夫和兒子遭兄弟殺害的古姿倫，即便在產下齊格魯的遺腹子史凡希爾德（Svanhildr）以後，仍舊遲遲無法從巨大的打擊裡恢復過來。無論哥哥古納爾和胡格尼如何道歉謝罪，全都無法觸及她的心裡。古姿倫的母親葛麗姆希爾德（Grimhild）害怕她振作起來以後會與親人為仇，逐用藥使她遺忘對古納爾的憎恨，並且強將她嫁給布倫希爾德的兄長──匈人之王阿特利（Atli），好使她遠離家人。想當然爾，如此的婚姻當然不可能會有愛苗滋生，古姿倫只能鬱鬱寡歡地虛度時日。

另一方面，古姿倫的哥哥古納爾和胡格尼卻也在不知不覺中陷入了危機；原來古姿倫的丈夫阿特利早就覬覦他們倆從齊格魯那裡奪來的黃金，已經在進行謀殺的計畫。雖然古姿倫發現此計畫以後，曾經對古納爾他們發出警告，但兄弟兩人卻完全不以為意；與此同時兩兄弟的妻子也都分別做了惡夢，向夫君提出警告，但他們卻依舊不當一回事。於是乎古納爾等人果然正如阿特利計謀所料定，僅帶領著少數兵力前往阿特利已經設下陷阱的王宮接受招待。不過也許是因為有某種的預感，他們在臨行前已經先將安德華利的黃金丟進了萊茵河底，然後才出發。

這廂阿特利早就率領著大軍佈好陣勢，等著古納爾送上門來。古納爾等人固然驍勇善戰，畢竟寡不敵眾，終於均為阿特利所擒。阿特利想方設法要從古納爾口中問出黃金的所在，古納爾卻說除非看到胡格尼的心臟否則他絕不開口；阿特利先用奴隸的心臟假裝成胡格尼的心臟給古納爾看，古納爾卻立刻看破那顆心臟並不屬於弟弟。這次真的把胡格尼的心臟取來，古納爾才好像很滿足似地說道「這下就只剩我知道黃金藏在哪裡了」，並且表示自己壓根就沒想過要說出黃金的下落，氣得阿特利把他關在滿是毒蛇的洞穴裡，而古納爾就彈奏著古姿倫送進來的豎琴，慘死於洞穴之中。

古姿倫為替兄弟報仇，逐將自己跟阿特利生的幾位王子殺害，將屍體摻在宴會的酒裡讓阿特利喝下；阿特利得知古姿倫的行為之後大受打擊，鎮日只是飲酒喝得爛醉。此時古姿倫找來古納爾兩兄弟的兒子將阿特利殺害，然後放火焚燒王宮，將阿特利家族及其家臣全數趕盡殺絕。相傳後來古姿倫曾經投海自盡卻沒有死亡，還嫁給尤納克王（King Jónakr）為妻，可惜的是幸福始終與她無緣。

第 3 章
不可思議的神奇
道具與動物

魯納文字*

Rún

魯納文字相傳乃是由北歐的主神奧丁所發明，那麼它究竟是種什麼樣的文字呢？

●奧丁發現的神祕文字

　　北歐神話認為魯納文字乃是主神**奧丁**所發現的一種蘊涵咒力的文字。相傳奧丁為掌握其祕密，曾經不飲不食，在世界樹**伊格德拉西爾**上吊了九天九夜。

　　魯納文字是種篆刻於各種物品之上的文字，如果使用方法正確便能發揮出各種不同效果。《詩歌愛達》的〈希格德莉法的話語〉就列舉出祈求勝利的提爾魯納、潔淨麥酒用的內德（nauð）魯納、幫助孕婦的安產魯納等五花八門的魯納及其效用。此外，力量特別強大的神明抑或魔法道具，也會篆刻魯納文字。

　　儘管擁有相當強大的力量，魯納文字卻也絕非萬能。《詩歌愛達》的〈史基尼爾之旅〉就說只要將文字削除便能使魯納文字失去效果，而《埃吉爾薩迦》裡也能看到同樣的記載。假如使用魯納文字的方法錯誤，甚至還有可能會造成完全無法預測的結果。

　　現實裡的魯納文字其實並非神話所描述的那般神祕。它固然有其宗教性、咒術性使用方法，但真要說起來，畢竟還是種比較趨近於日常性質的語言。魯納文字通常取其頭六個字母稱作「富托克」（Fuþark），原是為了要刻在木頭上面所發明的文字，因為要與木頭的紋路區別，魯納文字均是由跟木頭紋路呈直角的長縱線、短斜線和點所構成。

　　異教時代北歐所使用的魯納文字共分長枝魯納與短枝魯納兩種；這兩種魯納跟現在占卜所用的二十四個字母不同，都只有十六個字母而已。據說當時的北歐人是利用變化語言的音韻來對應這些多出來的字，所以字母才會比較少。

---

* 亦有稱盧恩文（Rune）或如尼文。

異教時代北歐使用的主要魯納文字

長枝（丹麥）魯納

ᚠ ᚢ ᚦ ᚨ ᚱ ᚴ ᚼ ᚾ ᛁ ᛅ ᛋ ᛏ ᛒ ᛦ ᛚ ᛉ
f u b a r k h n i a s t b m l R
　　　o

短枝（瑞典＝挪威）魯納

ᚠ ᚢ ᚦ ᚨ ᚱ ᚴ ᚽ ᚾ ᛁ ᛅ ᛋ ᛏ ᛒ ᛙ ᛚ ᛦ
f u b a r k h n i a s t b m l R
　　　o

魯納文字之意涵及效用

北歐魯納文字之名稱及涵意		
1 ᚠ	fé	財富
2 ᚢ	úr	礦渣、驟雨
3 ᚦ	Þurs	巨人
4 ᚨ	óss	阿薩神族（奧丁）
5 ᚱ	reið	騎馬
6 ᚴ	kaun	膿瘡
7 ᚼ	hagall	雹
8 ᚾ	nauð	困苦
9 ᛁ	íss	冰
10 ᛅ	ár	豐收
11 ᛋ	sól	太陽
12 ᛏ	Týr	提爾（戰神、制約之神）
13 ᛒ	bjarkan	樺樹、白樺
14 ᛦ	Maðr	人類（圖伊斯柯的後裔）
15 ᛚ	lögr	水
16 ᛉ	ýr	紫杉樹

《詩歌愛達》記載的魯納文字	
醫療的魯納*	治療傷口
愛的魯納*	為得到他人的愛
勝利的魯納（↑）	祈求勝利
麥酒的魯納（ᛏ）	潔淨酒杯、去毒除災
安產的魯納*	幫助孕婦分娩
海浪的魯納*	祈求航海安全
樹枝的魯納*	醫生替人治傷時使用
雄辯的魯納*	在民會裡用來迴避他人憎恨
智慧的魯納*	想變得比任何人都聰明時使用
睡眠的魯納（ᚽ）	欲使他人陷入沉眠時使用
疾病的魯納（ᚦ）	欲使女性罹病時使用

*相對應之魯納文字不明

關聯項目

◆伊格德拉西爾→No.015　　　◆奧丁→No.017

塞茲咒法與迦爾多咒歌

Seiðr & Galdr

塞茲咒法與迦爾多咒歌一個是操縱魂靈的咒術，一個是可發揮各種效果的咒歌。除魯納文字以外，北歐世界尚有許多其他咒術存在。

● 塞茲咒法

　　北歐除**魯納文字**以外尚有其他各式各樣的咒術存在，其中尤以塞茲咒法特別有名。根據《挪威王列傳》序章〈英林加薩迦〉記載，塞茲咒法乃是由**華納神族**的女神**菲依雅**帶到**阿薩神族**的一項技術，其本質在於操縱靈魂。據說塞茲咒法的高手非但能夠召喚遊蕩於凡世間的靈魂接受預言，還能使自己的靈魂出竅，藉以探知遠方發生的事情。

　　塞茲咒法是種伴隨著強烈的忘我狀態與性恍惚感覺的技法，使用者通常都是女性；這些女性通常被稱爲巫女或女先知，她們會使用各式各樣的咒術小道具，還會請助手吟唱和瓦茲洛可咒歌（Varðlokkur）協助其執行咒術。這些巫女在基督教傳入北歐之後仍得以暫時存活，《紅鬍子埃里克薩迦》便描述到她們使用法術的情形。由於塞茲是屬於女性的咒術，當時的人似乎覺得男生施用此法是令人很不愉快的事情，因爲男性施術者恍惚的性快感會使他們連想到同性戀，尤其是同性戀當中的受方。也是因爲這個緣故，惡神**洛奇**便曾經在《詩歌愛達》的〈洛奇的爭論〉裡面大罵使用塞茲咒法的**奧丁**是「娘娘腔」。

● 迦爾多咒歌

　　除塞茲咒法以外，北歐還有個著名的咒術叫作「迦爾多咒歌」。所謂迦爾多其實是種利用歌曲達致各種效果的咒術，相傳奧丁也會使用此咒術，甚至還被稱作是咒歌的打鐵匠。除奧丁以外，還有曾經試圖將嵌進索爾腦袋的磨刀石取出的巫女格蘿亞等，也都是迦爾多咒歌的高手。

何謂塞茲咒法

塞茲咒法

女神菲依雅引進阿薩神族的咒術,主要是藉由操縱靈魂得到各種效果。
相傳華納神族使用塞茲咒法是很家常便飯的事情

使用條件

各種儀式

誇張的服裝、小道具

瓦茲洛可咒歌

施術者

奧丁

菲依雅

巫女、女先知

主要效果

使自身靈魂出竅
出外蒐集情報

召喚死者亡靈
蒐集情報

缺點

伴有強烈的忘我狀態

伴有性的恍惚感覺

何謂迦爾多咒歌

迦爾多咒歌

北歐神話裡隨處可見、較為原始的咒術。乃是蹈循某種名為迦爾多律的
特殊韻律唱誦,能達到治療等各種咒術效果

使用條件

循迦爾多律(就內容與
呈現方式進行重複、並行法、
形式強化的表現)唱誦

施術者

奧丁

巫女格蘿亞

主要效果

各種效果

關聯項目

◆阿薩神族→No.016
◆奧丁→No.017
◆華納神族→No.040

◆菲依雅→No.044
◆洛奇→No.057
◆魯納文字→No.073

密米爾之首

Míms höfuð

密米爾之首是奧丁相當倚重的寶物，這顆腦袋的主人便是從前負責把守智慧之泉的賢明巨人。

● 授予各種知識的魔法腦袋

密米爾之首是顆可授人以各種知識的魔法腦袋，《詩歌愛達》的〈希格德莉法的話語〉裡，就寫到這顆腦袋「深思熟慮吐出第一個字，告知以**魯納文字**記載的真實智慧」。根據《詩歌愛達》中〈女先知的預言〉和《史諾里愛達》的記載，這顆腦袋從前的主人名叫密米爾，他便是由世界樹**伊格德拉西爾**的樹根伸進泉水中的智慧之泉的主人，他的知識乃是來自於每天早晨飲用的智慧泉水。就連自己的**奧丁**的知識，也只不過是以單眼作擔保飲下一口智慧泉水所得，由此便可見得密米爾的知識是何等淵博。奧丁亦相當倚重其知識，相傳終末戰役諸神黃昏將來之際，奧丁第一件事情便是向他徵求助言。《挪威王列傳》序章〈英林加薩迦〉就密米爾之首的製作過程及始末說明如下：從前**阿薩神族和華納神族**厭倦長期對抗撻伐，決定要締結和約，於是阿薩神族便送出海尼爾和密米爾，華納神族則是送出**尼爾德**一家作為人質交換。海尼爾看起來相貌堂堂，立刻就被推舉為華納神族的領袖，可是華納神族很快就發現他只不過是個萬事任憑密米爾決定，自己卻不怎麼動腦筋的草包神明，華納神族憤而砍下密米爾的腦袋，將首級送還給阿薩神族；奧丁取得密米爾之首便立刻施以藥草處置並以咒文強化之，好讓他能夠隨時從密米爾之首攫取需要的知識。但亦有說法駁斥前述〈英林加薩迦〉的記載，主張密米爾一直都守著泉水直到諸神黃昏，此派說法認為密米爾會從泉水裡探出頭來，講述各種知識。

奧丁的智囊

密米爾之首

主神奧丁的所有物之一。此乃奧丁利用交給華納神族當人質卻遭斬首的巨人密米爾首級、施以魔法處置而製成的寶物。密米爾之首擁有豐富的知識，還能通知說世界將要發生什麼事情

密米爾是泉水的守護者，擁有連奧丁亦望塵莫及的豐富知識

敷以草藥、施以魔法經過強化，能夠講述各種知識

一說密米爾是奧丁的叔父

密米爾之首製作始末

阿薩神族

海尼爾

密米爾

← 交換人質 →

華納神族

尼爾德

福瑞

菲依雅

海尼爾的無能讓華納神族覺得受騙、怒不可遏，逐斬下其智囊密米爾頭顱，送還給阿薩神族

奧丁

・獲取密米爾知識的陰謀？
・覺得密米爾的知識浪費掉可惜？

施魔法處置 →

密米爾之首完成!!

關聯項目

◆伊格德拉西爾→No.015　　◆華納神族→No.040
◆阿薩神族→No.016　　　　◆尼爾德→No.041
◆奧丁→No.017　　　　　　◆魯納文字→No.073

詩蜜酒

Skáldskapar Mjaðar

詩蜜酒便是授天下詩人以詩才的魔法蜂蜜酒，乃矮人以賢者之血釀造而成。

● 賢者之血所釀，授人以詩才的蜂蜜酒

詩蜜酒乃屬主神**奧丁**所有，是種能將詩歌才能授予飲用者、蘊藏有魔力的寶物；相傳蜜酒乃由名叫費拉雅爾（Fjalar）和葛拉爾（Galar）的**侏儒（矮人）**以賢者卡瓦希爾（Kvasir）之血釀成。

卡瓦希爾是當初**阿薩神族**和**華納神族**談和時，從雙方所吐唾沫裡誕生出來的人類。他擁有優秀的知識，平時四處旅行，利用他的知識幫助別人，卻遭費拉雅爾等人殺害並且榨取鮮血。費拉雅爾和葛拉爾把他的血摻混蜂蜜，分裝在一個叫作歐茲略利爾（Oðrerir）的鍋子和兩個分別叫作頌（Són）和波曾（Boðn）的壺裡釀造蜜酒；後來這蜜酒又被送給了因為費拉雅爾等人的惡作劇使雙親遭到殺害的巨人史登（Suttungr）作為賠償。

史登將蜜酒藏在赫尼伯格（Hnitbjorg）的洞窟，讓女兒耿雷姿把守。奧丁得知了詩蜜酒此物之後，遂殺害史登胞弟包基（Baugi）的九個奴隸，趁其人手不足扮作下人潛入，並要求詩蜜酒作為其完成九人份工作的代價。奧丁說服包基帶他來到洞窟，用錐子在入口挖開一個小洞，後悔的包基還來不及阻止，奧丁就已經變成蛇鑽了進去。奧丁在洞窟裡面見到耿雷姿以後巧言誘惑，得其承諾說只能讓他喝三口，豈料他三口就把詩蜜酒全部喝乾，然後變身成大鷲鳥，留下啞然失聲的耿雷姿揚長而去。

把追趕在後的巨人甩掉以後，奧丁便將詩蜜酒吐回壺裡保存，慌忙中不小心把蜜酒溢出來了一點點，這些溢出來的蜜酒並不如真正的詩蜜酒來得有效果，因而被稱作是「兩光詩人分得的稟賦」。

賢者卡瓦希爾的誕生

| 阿薩神族 | ←和解→ | 華納神族 |

唾液　　　　唾液

眾神往壺裡吐口水作為和解的見證，從中誕生出一名人類

賢者卡瓦希爾誕生

奧丁取得詩蜜酒之過程

詩蜜酒的誕生

侏儒（矮人）費拉雅爾和葛拉爾殺害賢者卡瓦希爾，以歐茲略利爾鍋、頌壺和波曾壺釀造詩蜜酒

侏儒的賠償

雙親遭費拉雅爾殺害的巨人史登得到蜜酒作為賠償

誘惑耿雷姿

奧丁用計讓包基帶他來到蜜酒的藏匿地點，然後籠絡看守者耿雷姿得到蜜酒

奧丁的策略

得知詩蜜酒此物後，奧丁殺害史登胞弟包基的奴隸，趁他人手不足的時候潛入

關聯項目

◆阿薩神族 →No.016　　　　◆華納神族→No.040

◆奧丁→No.017　　　　◆侏儒（矮人）→NO.063

胡金與穆寧、基利與庫力奇

Huginn & Muninn, Geri & Fureki

分別是主神奧丁使喚的兩隻烏鴉和兩匹狼，牠們並不單單只是伴隨奧丁身邊的從獸，也是代表奧丁神格的象徵。

● **胡金與穆寧**

胡金與穆寧是兩隻停佇於主神**奧丁**肩頭的烏鴉，其名分別是「思考」和「記憶」之意。《挪威王列傳》序章〈英林加薩迦〉說這兩隻烏鴉在奧丁的灌輸下學會了人類的語言，奧丁每天早上都會把牠們放出去蒐集全世界的情報。《史諾里愛達》中〈欺騙吉魯菲〉則說兩隻烏鴉每天早餐時刻就會飛回來，向奧丁報告蒐得的情報。

不過，這兩隻烏鴉也很有可能只是奧丁神格的其中一個面向。〈英林加薩迦〉就說奧丁能夠將靈魂切離身體，變成鳥獸在全世界進行搜索。另外《詩歌愛達》的〈葛林尼爾的話語〉也曾記載說奧丁很擔心兩頭烏鴉不飛回來，如果說烏鴉就是他自己的分身的話，那麼他會如此擔心，自然是很合理的事情。

● **基利與庫力奇**

基利與庫力奇均是擁有「貪欲」之名的奧丁從獸。據《史諾里愛達》的〈欺騙吉魯菲〉記載，牠們會代替平時除葡萄酒以外不碰任何食物的奧丁，將英靈殿呈上餐桌的塞弗利姆尼爾豬肉吃個精光。不過，基利和庫力奇在代稱（借代）裡面經常被當作指稱所有狼隻的代名詞使用，而且跟屍體亦有很深的關係；「基利的啤酒」指的就是血，「庫力奇的小麥」則是「屍體」的意思。從上述用法便不難發現，基利與庫力奇原本應該是暗指奧丁引起的戰爭及其慘狀的暗喻表現。前述的〈葛林尼爾的話語〉只有很單純地記述說奧丁飼養牠們，換句話說，戰死者便是牠們的食物。

奧丁的從獸之一

胡金、穆寧／Huginn、Muninn

停在奧丁肩膀的兩隻烏鴉，名字分別是「思考」與「記憶」的意思，受命於奧丁負責蒐集情報

奧丁馴服的烏鴉？	奧丁的靈魂？
黎明時將烏鴉送出去，回來吃早餐的時候將世界情勢向奧丁報告	奧丁利用魔法使靈魂分離，變成鳥類飛往各地
飼養接受過教導、能夠理解人類語言的烏鴉	奧丁極度擔心兩隻烏鴉的安危

奧丁的從獸之二

基利、庫力奇／Geri、Fureki

英靈殿舉行酒宴時，隨侍在奧丁腳邊的兩匹狼，他們的名字均是「貪欲」之意

奧丁的寵物？	奧丁屬性的表徵？
由於奧丁只喝葡萄酒，餐桌上的肉就給了這兩頭狼	「狼餌」是屍體的代稱（借代）。若說「餵餌給狼」便是指在戰爭中消滅許多敵人的意思

關聯項目

◆奧丁→No.017

至高王座

Hliðskjálf

至高王座是只有主神奧丁及其妻福麗嘉可以坐的寶座，蘊藏著看透全世界的魔力。

●能看遍全世界各個角落的魔法寶座

　　至高王座是屬於主神**奧丁**的寶座。相傳這個寶座被安放在奧丁居住的白銀之廳或英靈殿之中，蘊藏著魔力，只要坐上去便能得知全世界各個地方發生什麼事情。其名有「有許多門扉的廳堂」的涵意，還有些研究者認為此名指的並非寶座本身，而是應該解釋為放置寶座的廳堂。

　　《史諾里愛達》說這寶座只有主神奧丁及其妻**福麗嘉**才可以坐，除他們兩位以外，唯獨豐饒神**福瑞**曾經坐過一次，不過眾神對吉魯菲王（King Gylfi）說此乃不遜犯忌的行為，而福瑞也為此付出了代價。事實上，寶座在古代的日耳曼社會裡面是個非常重要的概念，新任國王舉行加冕儀式時，便是藉由就座於設置在高丘的寶座，來象徵其地位受到承認。國王在加冕式過後的生活仍舊是圍繞著寶座而進行，是故前述的至高王座相關規定，應該也是從這種觀值觀衍生而來。

　　正因為它蘊藏著魔力的緣故，所以有許多事件都是因至高王座而起。據《詩歌愛達》中〈葛林尼爾的話語〉記載，從前奧丁透過寶座得知養子蓋爾羅德王成功以後，去向妻子福麗嘉大肆吹擂，卻反而使得蓋爾羅德被福麗嘉修理了一番。另外《詩歌愛達》的〈史基尼爾之旅〉等文獻也說，福瑞之所以會陷入對巨人之女**葛德**的戀愛煩惱，全都是因為傲慢的福瑞趁奧丁不在的時候偷坐寶座所使然。當然至高王座也有助於解決事件，奧丁搜尋逃離眾神出奔的惡神**洛奇**時，就曾經使用過它。

奧丁的寶座

至高王座

相傳設置於阿薩神族的神殿白銀之廳或英靈殿的主神奧丁寶座。亦可解釋為「有許多門扉的廳堂」

寶座乃王權象徵，除奧丁與福麗嘉以外誰都不准坐

坐在寶座上便能得知全世界每個角落發生的所有事情

使用過至高王座的神明

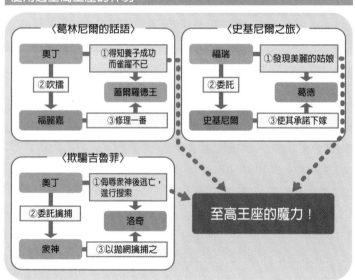

〈葛林尼爾的話語〉

奧丁 → ①得知養子成功而雀躍不已

②吹擂

福麗嘉 → ③修理一番 → 蓋爾羅德王

〈史基尼爾之旅〉

福瑞 → ①發現美麗的姑娘

②委託

史基尼爾 → ③使其承諾下嫁 → 葛德

〈欺騙吉魯菲〉

奧丁 → ①侮辱家神後逃亡，進行搜索

②委託擒捕

眾神 → ③以拋網擒捕之 → 洛奇

至高王座的魔力！

關聯項目

◆ 奧丁→No.017　　　　◆ 葛德→No.049
◆ 福麗嘉→No.033　　　◆ 洛奇→No.057
◆ 福瑞→No.042

斯萊布尼爾

Sleipnir

主神奧丁的愛馬斯萊布尼爾擁有八隻腳和灰色的胴體，不過牠的誕生卻遠比其外貌還要來得奇妙。

●往返於凡間與死者國度的八足駿馬

斯萊布尼爾此名有「滑走者」之意，是匹以主神**奧丁**坐騎而聞名的駿馬，還被認為是「所有馬當中最好的馬」，擁有灰色胴體外加八隻腳的迥異外貌。有人認為灰色的身體便是暗示斯萊布尼爾並非尋常馬匹的象徵，或許是因為這個緣故，傳說均認為斯萊布尼爾能夠往返於凡間與死者的國度。《詩歌愛達》的〈巴多之夢〉（Baldrs draumar）和《史諾里愛達》都有描繪斯萊布尼爾駄著眾神前往死者國度的情景，而根據《丹麥人的業績》的記載來判斷，斯萊布尼爾似乎還能夠騰空飛翔。

生出這匹既奇怪卻又優秀的駿馬的孕生者，便是雌雄兩性兼具的惡神**洛奇**。《史諾里愛達》的〈欺騙吉魯菲〉裡面有這麼段故事：從前眾神剛定居在**阿薩神域**的時候，曾經有位巨人化作鐵匠來到此地，說是願意替眾神在阿薩神域的四周圍建造城牆，條件就是必須以**菲依雅**和太陽及月亮來交換。眾神頓時陷入長考，由於洛奇說可以加課「不借他人之手在半年內完成」的條件，於是雙方便簽下了契約。但是就在此時，巨人卻也獲得眾神認可，可以使用自己的愛馬史瓦帝法利，原來奧妙就在這匹馬的身上，這馬非但能夠搬運巨石，而且還能完成數倍於巨人的工作量。眾神漸漸開始焦急起來，並且強迫洛奇要負起責任，受眾神脅迫的洛奇經過思考後採取的手段，便是化作母馬誘惑史瓦帝法利，而洛奇的策略果然成功奏效。巨人憤而襲擊眾神，卻反遭雷神**索爾**擊敗。後來經過了一段時日，洛奇產下史瓦帝法利的小馬，而這匹小馬正是日後的斯萊布尼爾。

全世界最棒的駿馬

斯萊布尼爾

傳為主神奧丁坐騎的八腳怪馬，據說是巨人鐵匠的愛馬史瓦帝法利與洛奇所生。另有說法認為牠的八隻腳象徵的是扛棺材的四個人八隻腳

能夠往返於冥界與凡間。亦有說法認為牠渾身灰色的胴體便象徵著其與冥界的關聯性

八隻腳使牠能以極快的速度馳騁於海空，被譽為是「所有馬當中最好的馬」

史萊布尼爾及其家族

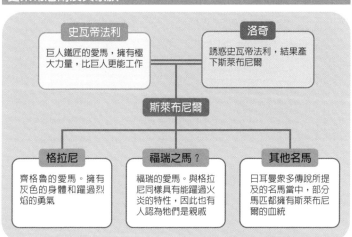

史瓦帝法利

巨人鐵匠的愛馬，擁有極大力量，比巨人更能工作

洛奇

誘惑史瓦帝法利，結果產下斯萊布尼爾

斯萊布尼爾

格拉尼

齊格魯的愛馬。擁有灰色的身體和躍過烈焰的勇氣

福瑞之馬？

福瑞的愛馬。與格拉尼同樣具有能躍過火炎的特性，因此也有人認為他們是親戚

其他名馬

日耳曼眾多傳說所提及的名馬當中，部分馬匹都擁有斯萊布尼爾的血統

關聯項目

◆ 阿薩神域→No.010　　　　◆ 菲依雅→No.044
◆ 奧丁→No.017　　　　　　◆ 洛奇→No.057
◆ 索爾→No.023

No.080 イーヴァルディの息子たちの三つの宝物

伊瓦第之子的三樣寶物

儘管惡神洛奇的惡作劇往往會為眾神的世界招致混亂，不過有時卻也會替眾神帶來意想不到的好處。

● 希弗頭髮的賠償

　　此處權且稱作「伊瓦第之子的三樣寶物」的魔法道具，其實是當初喜歡惡作劇的**洛奇**把雷神**索爾**之妻希弗一頭美麗的金髮剃個精光的時候，洛奇讓**侏儒（矮人）**工匠伊瓦第的兒子們打造的賠償品。

　　第一樣寶物「黃金假髮」是質地細緻、經過捶打展延的魔法黃金，是個只消戴在頭頂就會如同眞髮般自然成長的寶貝。希弗便是拜這頂假髮所賜才得到了一頭比以前更加美麗的秀髮，而此結果似乎也使得眾神大爲滿意。原本洛奇只委託他們打造「黃金假髮」而已，可是伊瓦第的兒子們卻很夠意思地又打造出了第二和第三樣寶物。

　　第二樣寶物「斯奇布拉尼」是艘魔法船，出航後必定是順風滿帆，使用它就能夠有段輕鬆舒適的航海，而且這艘船還是個能夠像布料般折疊起來的好東西，《詩歌愛達》的〈葛林尼爾的話語〉就說它是「所有船隻當中最好的一艘」。這艘船後來落入豐饒神**福瑞**手中爲其所有，不過亦有傳說指其爲主神**奧丁**之所有物。

　　第三樣寶物叫作「永恆之槍」，這是柄槍頭刻著**魯納文字**的魔法長槍，配重極佳，一旦投擲出去便彈無虛發。這柄長槍屬奧丁所有，他在出外旅行或終末戰役諸神黃昏等場合都使用過。除此以外，奧丁還經常用永恆之槍去取那些被他看上眼的英雄們性命，可是這柄長槍卻幾乎不曾對巨人族顯過威力。

　　洛奇對這些魔法道具的品質感到相當滿意，進而使他不斷地引起新的騷動，好獲得更多寶物。

三樣寶物的特徵

黃金假髮

黃金絲線製成的假髮，只要戴起來它就會牢牢貼附於頭頂，變得跟真髮一樣。是為賠償希弗遭惡神洛奇將頭髮剃光所打造的賠償物

斯奇布拉尼／Skíðblaðnir

「所有船隻當中最好的一艘」，只消揚起帆來便能受風，隨時可以航向任何方向，還能折疊起來收納在口袋裡面。一般認為斯奇布拉尼是福瑞的所有物，不過亦有說法認為此物乃屬主神奧丁所有

永恆之槍／Gungnir

永恆之槍是柄槍頭刻著魯納文字的長槍，從不錯過任何目標。自從得到這柄槍以來，永恆之槍向來就是象徵著奧丁的代表性物器，但他卻幾乎不曾在對抗巨人族的戰鬥當中使用此槍，都是用在人類身上

打造三樣寶物的來龍去脈

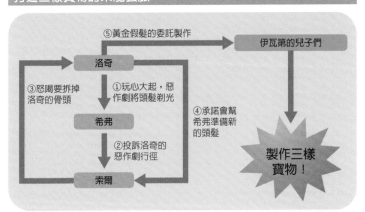

⑤黃金假髮的委託製作 → 伊瓦第的兒子們

洛奇

③怒喝要拆掉洛奇的骨頭

①玩心大起，惡作劇將頭髮剃光

④承諾會幫希弗準備新的頭髮

希弗

②投訴洛奇的惡作劇行徑

索爾

製作三樣寶物！

布羅克與辛德里的三樣寶物

侏儒族以自尊和惡神洛奇的腦袋做賭注所鍛造出來的三樣寶物，這三樣寶物為眾神帶來了極大的恩惠。

● 使眾神為之膺服的鍛造技術

此節介紹的是**侏儒（矮人）**兄弟布羅克（Brokkr）與辛德里＊跟惡神**洛奇**以腦袋為賭注所製作出來的三樣寶物。洛奇曾經讓別的侏儒製作三樣寶物作為賠償雷神**索爾**妻希弗頭髮的代價，這次又食髓知味表示「只要製造出比這些寶物更棒的東西，我就把腦袋給你們」，而向布羅克辛德里兄弟挑戰。當然洛奇壓根就不想循規蹈距進行比試，賭注剛開始，他就變身成蛇蟲、不停叮刺負責操作風箱的布羅克，妨礙他們的工作。儘管布羅克好不容易忍耐下來完成了三樣寶物，但最後一樣寶物卻仍有未臻完美之憾。

那麼，這三樣寶物究竟是什麼樣的東西呢？侏儒首先打造的是黃金豬古林伯斯帝，牠晝夜均能以比任何馬匹更快的速度馳騁於海空。牠的毛皮能放出黃金色光芒，無論去到如何黑暗的國度都不會為照明所苦，這頭豬後來歸豐饒神**福瑞**所有。布羅克兄弟接著打造的是個名為特勞布尼爾的黃金手環，它是每過九晚就會滴落生出八個相同重量的手環。此物本來是歸主神**奧丁**所有，不過後來火葬**巴多**的時候被拿去陪葬，最後應是落到了史基尼爾手中。第三樣寶物則是堪稱為索爾象徵的魔法之鎚——雷神之鎚。這是柄無論如何使力叩擊都不會損壞、投擲出去必定會命中目標然後飛回手中的武器，而且體積短小，適合藏匿於衣物之中。不過這樣寶物卻有未臻完美之處，其缺點便是鎚柄太短不利於握持。而這三樣寶物和先前侏儒製作的總共六樣作品當中，眾神對雷神之鎚的評價最高；相傳洛奇輸掉賭注以後卻以「腦袋是我的不是你們的，你們不可以傷害它」的歪理搪塞胡扯，導致嘴巴被人用叫作瓦塔利（Vartari）的皮繩縫了起來。

＊ 辛德里（Sindri）：亦作艾特力（Eitri）。

布羅克與辛德里所造寶物之特徵

古林伯斯帝／Gullinbursti

能夠用比任何馬匹還要快的速度穿梭於海空、毛皮散發著光芒的黃金豬。傳說牠是豐饒神福瑞的坐騎，福瑞的所有物當中還有頭跟古林伯斯帝成對的母豬，叫作希爾迪斯維尼（Hildisvíni）

特勞布尼爾／Draupnir

每隔九夜就會再生出八個手環的黃金手環。此物原屬主神奧丁所有，卻被拿來當作巴多的陪葬品。後來赫摩德將手環帶回，交給了史基尼爾

雷神之鎚／Mjǫllnir

每投必中而且絕對不會損壞的魔法之鎚。體積短小適於隱藏在衣物之下。此物未臻完美境地，其鎚柄極短。亦經常被拿來當作施祝福的道具使用

辛德里布羅克兄弟跟洛奇的賭注

洛奇與侏儒

洛奇對他賠給索爾的賠償品品質感到相當滿意，遂以腦袋為賭注，向侏儒兄弟提出挑戰

製作寶物

布羅克與辛德里雖然遭到洛奇多方干擾阻撓，卻還是成功打造出三樣寶物

清算賭注

洛奇以歪理搪塞，因而嘴巴被辛德里縫了起來，眾神沒有一個伸出援手

侏儒兄弟獲勝

眾神審查作品並且選出未臻完全卻實用性極高的雷神之鎚為首選，宣布由布羅克兄弟獲勝

關聯項目

安德華利的黃金

安德華利的黃金乃是侏儒安德華利遭眾神以不當手段奪取的黃金。
這批象徵著眾神腐敗的黃金，果然為持有者帶來了諸多災厄。

●殺害水瀨後支付作為賠償的受詛咒黃金

安德華利的黃金原本是屬於居住在安德華拉弗斯（Andvarafors）瀑布的侏儒（矮人）安德華利的財寶，但這批財寶卻遭眾神以不當手段奪取，從而受到詛咒。其間來龍去脈在《詩歌愛達》的〈雷金的話語〉（Reginsmál）和《佛爾頌薩迦》、《史諾里愛達》等各種文獻裡面是這樣記載的：

從前主神**奧丁**、海尼爾和惡神**洛奇**在旅途中看見有隻水瀨在捕鮭魚。洛奇頓時玩心大起想要惡作劇，拿起石塊便將水瀨砸死了，他剝下水瀨皮而且還得到鮭魚，心情大好。入夜以後，眾神來到某個名叫弗列茲瑪（Hreiðmarr）的農夫家裡借住，此時洛奇取出水瀨皮大肆吹擂了一番，豈料那隻水瀨竟是弗列茲瑪之子歐特（Ótr）為替父親抓鮭魚所變成的模樣。弗列茲瑪大怒，喚來眾子押住眾神，魔法道具被奪的眾神根本毫無力量抵抗。束手無策的奧丁只能表示說願意支付賠償，弗列茲瑪遂要求數量足以完全覆蓋住歐特水瀨皮的黃金為條件接受此提議，並釋放洛奇去取黃金。洛奇想了想，便向海底的統治者女巨人拉恩商借魔法之網，取道前往安德華拉弗斯，然後用魔法之網抓住變身成梭魚的安德華利，向他索討黃金。

安德華利雖然依言交出黃金，卻還是企圖將能使黃金增生的戒指安德華拉諾特偷藏起來，豈料戒指終究還是遭眼尖的洛奇搶走。安德華利便是在此時對遭搶奪的財寶施下詛咒說：「這財寶將使兩兄弟喪生、八個國王失和」。後來這個詛咒果然奏效，成為引發諸多災禍的根源。

安德華利黃金遭奪始末

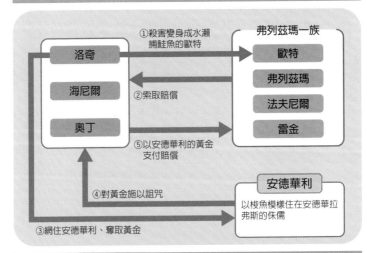

弗列茲瑪一族

洛奇
海尼爾
奧丁

歐特
弗列茲瑪
法夫尼爾
雷金

①殺害變身成水瀨捕鮭魚的歐特

②索取賠償

⑤以安德華利的黃金支付賠償

安德華利

以梭魚模樣住在安德拉弗斯的侏儒

④對黃金施以詛咒

③網住安德華利、奪取黃金

受詛咒的財寶及其被害者

安德華拉諾特／Andvaranaut

傳說安德華拉諾特擁有使黃金增生的魔力，是安德華利最喜愛的戒指。黃金和戒指在落入洛奇之手當時，均被施下了「這財寶將使兩兄弟喪生、八個國王失和」的詛咒

詛咒的被害者

兩兄弟

法夫尼爾
雷金

八個國王

齊格魯　古托姆　古納爾
胡格尼　阿特利　埃爾普
蘇爾利　哈姆迪爾

關聯項目

◆奧丁→No.017　　　　◆洛奇→No.057

唐格紐斯特與唐格理斯尼[*]

Tanngjóstr & Tanngrísnir

唐格紐斯特與唐格理斯尼是兩頭替雷神索爾拉車的公山羊。這輛車的礫軋聲象徵著雷鳴，獻作食物的山羊肉則是代表著索爾的豐饒神格。

●象徵雷神索爾的載具

唐格紐斯特與唐格理斯尼是兩頭替雷神**索爾**拉車的公山羊。《詩歌愛達》的〈斯留姆之歌〉說牠們拉車奔馳過的地方俱是群山迸裂、大地陷入一片火海。也許這些文字所描寫的就是落雷的情景，另有說法認爲牠們拉車發出的隆隆聲響便代表著雷聲。如前所述，這兩頭公山羊亦是索爾的象徵物之一，可是索爾在許多故事裡卻經常都是採取徒步移動，其中緣由《史諾里愛達》的〈欺騙吉魯菲〉記載如下：

從前索爾前往巨人之王**烏特加爾洛奇**統治的巨人之國，途中在某個農民家裡借宿，當時索爾便宰殺拉車的兩頭山羊、烹煮山羊肉以爲回禮。原來這兩頭山羊有種特殊能力，只消將骨頭和羊皮保留下來，經索爾施以祝福之後，山羊就會復活。

隔天索爾也一如往常地祝福山羊，卻發現有頭山羊的模樣怪怪的，再仔細一檢查，果然發現這頭山羊的後腳已經骨折，所以走起路來才會一瘸一跛的。原來那農民的兒子肚子很餓，想要取山羊骨裡面的骨髓來吃，把骨頭給折斷了。儘管索爾怒如熾火，也已於事無補，再說索爾事先也並未說明清楚，事情最後就是以索爾將該農民的子女收作僕從的條件收場。不過索爾從此便再也不能帶著兩頭山羊出外旅行，因此在這趟東方遠征的期間，他只能將山羊寄放在農民家裡，獨自繼續旅程。

這則故事也另有不同的版本。《詩歌愛達》的〈希米爾之歌〉就說弄傷索爾公山羊的是惡神**洛奇**。

---

[*] 唐格紐斯特與唐格理斯尼：唐格紐斯特（Tanngjóstr）意思是「磨齒作響的傢伙」，唐格理斯尼（Tanngrísnir）則是「牙齒有縫隙的傢伙」之意。

復活的山羊

唐格紐斯特與唐格理斯尼

跟「乘車的索爾」、「山羊的主人」等代表雷神索爾的代名詞有很深的關聯，替索爾拉車的兩頭公山羊。其中一頭山羊瘸了後腳，所以後來索爾經常都是徒步移動

只要保持骨頭與羊皮的完整，即便拿來當作晚餐的材料，經過索爾祝福以後，隔天就能重新復活

兩頭山羊拉的車會發出轟隆巨響以及火花，據說這便是雷鳴與閃電的象徵

是誰傷了公山羊的後腿？

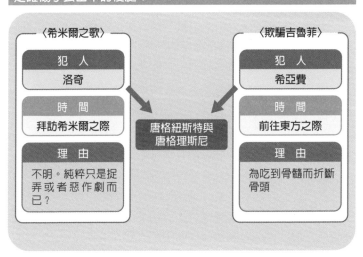

〈希米爾之歌〉

犯　人
洛奇

時　間
拜訪希米爾之際

理　由
不明。純粹只是捉弄或者惡作劇而已？

唐格紐斯特與
唐格理斯尼

〈欺騙吉魯菲〉

犯　人
希亞費

時　間
前往東方之際

理　由
為吃到骨髓而折斷骨頭

關聯項目

◆索爾→No.023　　　　　　◆洛奇→No.057
◆烏特加爾洛奇→No.054

福瑞的魔劍與飛越火焰的馬

這兩樣是豐饒神為成全戀情而贈與僕從的寶物，可是代價卻也太過巨大。

● 為成全戀情而致失落的豐饒神祕寶

福瑞的魔劍是柄只要持有者夠賢明便能夠獨自對抗巨人、取其性命的魔法之劍。此劍原是豐饒神**福瑞**之物，可是他卻為了要成就自己與巨人之女**葛德**的戀情，而將劍交給僕從史基尼爾，從此以後，這柄劍就再也不曾出現在神話當中。有說法認為**穆斯佩**之長蘇爾特在終末戰役諸神黃昏裡使用的，便是福瑞的魔劍，但此說法畢竟仍僅止於推測而已。

根據《詩歌愛達》中〈史基尼爾之旅〉的描述，此劍是柄表面刻有**魯納文字**的細劍，跟雷神索爾的雷神之鎚並列為剋制巨人最佳武器，相傳眾神直到諸神的黃昏來臨前夕為止，還一直對福瑞放棄了這把劍感嘆不已；因為正如同《詩歌愛達》中〈洛奇的爭論〉裡面惡神**洛奇**所言，福瑞失去最強的武器之後便毫無辦法，只能任憑蘇爾特將自己打倒。

另一方面，神話裡並未記載當初福瑞贈與史基尼爾的馬叫什麼名字、有什麼來歷。《史諾里愛達》的〈詩語法〉裡面有提到福瑞的坐騎名叫布洛帝霍菲（Blodighofi）或是布洛帝霍夫（Bloodyhoof），所指的可能就是同一匹馬。

一般認為前往福瑞愛慕對象葛德住處的途中，必須要穿過黑暗而潮濕的大地，越過搖曳的暗色火焰才能抵達目的地；也是因此，史基尼爾才會向福瑞索討具備相對應能力的馬匹，不過史基尼爾此舉似乎是杞人憂天，因為保衛葛德館邸的並非搖曳的暗火，而是憤怒的狂犬。

另外，身為豐饒神的福瑞還經常被拿來與擁有巨大陽根的馬匹結合，而馬匹也是他的隨身伴獸之一。

贈與史基尼爾的福瑞祕寶

福瑞的魔劍

只要持有者夠賢明便能獨自打倒巨人的魔法之劍。福瑞將此劍贈予僕從史基尼爾，作為自己戀情得償的報酬。這是柄劍身刻有魯納文字的細劍，是唯一能夠傷害福瑞的武器。亦有研究者認為這柄劍後來落入了穆斯佩之長蘇爾特之手

福瑞之馬

能夠飛越搖曳暗火、穿越潮濕山地的名馬，此馬也跟福瑞的魔劍同樣被贈送給了史基尼爾。經常被視同為福瑞的坐騎布洛帝霍菲。牠曾經與史基尼爾同行前往喬登海姆，卻沒有可以發揮能力的用武之地

福瑞寶物的下落

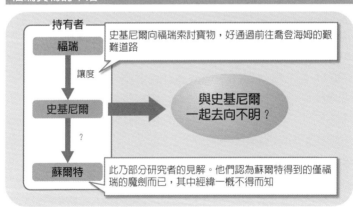

持有者

福瑞

讓渡

史基尼爾向福瑞索討寶物，好通過前往喬登海姆的艱難道路

史基尼爾

?

與史基尼爾一起去向不明？

蘇爾特

此乃部分研究者的見解。他們認為蘇爾特得到的僅福瑞的魔劍而已，其中經緯一概不得而知

關聯項目

◆福瑞→No.042　　　　◆穆斯佩→No.065
◆葛德→No.049　　　　◆魯納文字→No.073
◆洛奇→No.057

魔法羽衣

此節介紹的魔法羽衣均為眾神與巨人所有，只要披上這些羽衣便能變幻身形，並且得到相對應的能力。

● 既是事件糾紛的起源卻也是解決之道的魔法道具

所謂魔法羽衣，就是披在身上便能變身成鳥並且獲得飛翔能力的魔法道具。此類道具在北歐神話裡面似乎較為常見，擁有這種寶物的人也相當多。

其中特別有名的，當屬奧丁之妻**福麗嘉**以及女神**菲依雅**的飛鷹羽衣。只不過這兩位女神其實很少使用飛鷹羽衣，反而是惡神**洛奇**用得比較多。洛奇使用飛鷹羽衣的模樣在《詩歌愛達》的〈斯留姆之歌〉和《史諾里愛達》的〈詩語法〉等文獻裡面都有描寫。

另一方面，天鵝羽衣則是以**瓦爾妲基麗婭**披用而聞名的魔法羽衣。根據古詩《凱拉之歌》記載，瓦爾妲基麗婭眾女神會披著這件羽衣，變身成天鵝在戰場裡盤旋。因為這個緣故，萬一羽衣被盜，瓦爾妲基麗婭便無法進行戰場上的工作。《詩歌愛達》的〈韋蘭之歌〉就描寫到韋蘭兄弟趁瓦爾妲基麗婭脫掉天鵝羽衣、正在織布的時候將羽衣藏匿了起來，所以瓦爾妲基麗婭才嫁給韋蘭兄弟為妻。

此外，從前誘拐女神伊登的巨人**夏基**以及曾經是**詩蜜酒**所有者的巨人史登（Suttungr）都有件鷲鷹羽衣。這件鷲鷹羽衣似乎比眾神的羽衣性能更佳，〈詩語法〉描述到他們對穿著其他魔法羽衣變身成飛鳥的眾神緊追在後、近在咫尺的景象。

至於其他飛行道具，則還有《詩歌愛達》的〈韋蘭之歌〉所述，傳說中的名匠為獲得自由而製作的飛行翼。

北歐神話述及的各種羽衣

飛鷹羽衣／Valsham

傳為福麗嘉與菲依雅所有物的魔法羽衣，披用後便能變成飛鷹。然而兩位女神卻鮮少使用此物，反而是惡神洛奇用得更多。巨人夏基和巨人芬葛尼爾的故事裡都提到這件羽衣

天鵝羽衣／Álftarhamir

傳說中瓦爾妲基麗婭的魔法羽衣，披在身上就能變身成天鵝。就跟世界各地的其他飛天羽衣傳說同樣，北歐神話也有人類奪走羽衣取其為妻的傳說存在。《詩歌愛達》的〈韋蘭之歌〉、《尼亞薩迦》（Njáls Saga）等文獻都有提及

鷲鷹羽衣／Arnarharminn

傳說中主神奧丁、巨人夏基和史登都曾經穿過的魔法羽衣。披用後便能變成鷲鷹，飛行速度比飛鷹羽衣更快

其他飛行道具

韋蘭的飛行翼

傳說中的名匠韋蘭為擺脫尼德茲王（King Niðad）監禁、逃離塞伐爾斯塔茲島（Sævarstöð）而製作的飛行翼。原文裡面亦以「蹼」來描述此物。見於《詩歌愛達》的〈韋蘭之歌〉

關聯項目

◆瓦爾妲基麗婭→No.022
◆福麗嘉→No.033
◆菲依雅→No.044
◆夏基→No.047
◆洛奇→No.057
◆詩蜜酒→No.076

布理希嘉曼

Brísingamen

布理希嘉曼是點綴在女神菲依雅前胸的項鍊，這件侏儒打造的首飾曾經為人類世界帶來了莫大的災難

●點綴在女神胸頸間的黃金首飾

布理希嘉曼是女神**菲依雅**的首飾。此物亦堪稱爲菲依雅的代名詞，《詩歌愛達》的〈斯留姆之歌〉便寫到從前雷神**索爾**假扮菲依雅的時候亦有配戴。而《史諾里愛達》的〈欺騙吉魯菲〉亦記曰「菲依雅有件名爲布理希嘉曼的首飾」。《詩歌愛達》對這件首飾並無詳細記述，不過《史諾里愛達》的〈詩語法〉說眾神門房**海姆德爾**曾經與惡神**洛奇**爭奪這件首飾，可見此物肯定是件相當貴重的寶物。《索里的故事、赫金與霍格尼的薩迦》（Sorli's Story, The Tale of Hogni and Hedinn）就有記載到一件被視同爲布理希嘉曼的首飾，是如何地輾轉落入菲依雅手中的來龍去脈：

從前**奧丁**的情人菲依雅前往拜訪四名**侏儒（矮人）**的時候，恰巧侏儒們剛完成了一件黃金的首飾，菲依雅只看一眼就愛上了。她表示希望能夠買下這件首飾，可是四名侏儒卻要求菲依雅陪他們每人共度一夜。經過一番考慮，菲依雅終於接受侏儒的要求，並且得到了首飾。

洛奇發現這件首飾以後，立刻將此事報告給奧丁知情。奧丁對菲依雅的不檢點大爲震怒，於是派遣洛奇趁著菲依雅睡覺時將首飾盜走，然後對想要討回首飾的菲依雅表示，只要她能夠「讓統率二十名諸侯的兩名王者失和，詛咒他們必須永遠對立爲敵，使他們永受詛咒束縛，直到追隨較幸運的那一位王者的基督教徒將他們全部殺死爲止」，便將首飾歸還。據說菲依雅毫不躊躇地接受了奧丁的條件，以致日後才有世稱「夏茲寧古戰役」的戰亂發生。

菲依雅的首飾

布理希嘉曼

堪稱為菲依雅代名詞的黃金首飾。相傳由四名侏儒打造製成

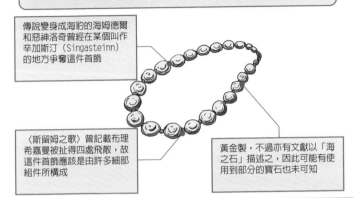

傳說變身成海豹的海姆德爾和惡神洛奇曾經在某個叫作辛加斯汀（Singasteinn）的地方爭奪這件首飾

〈斯留姆之歌〉曾記載布理希嘉曼被扯得四處飛散，故這件首飾應該是由許多細部組件所構成

黃金製，不過亦有文獻以「海之石」描述之，因此可能有使用到部分的寶石也未可知

布理希嘉曼與眾神的關係

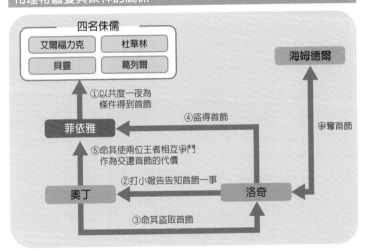

—— 四名侏儒 ——

艾爾福力克　　杜華林

貝靈　　葛列爾

海姆德爾

菲依雅

①以共度一夜為條件得到首飾

④盜得首飾

⑤命其使兩位王者相互爭鬥作為交還首飾的代價

奧丁

②打小報告告知首飾一事

洛奇

③命其盜取首飾

爭奪首飾

關聯項目

◆ 奧丁 → No.017
◆ 索爾 → No.023
◆ 海姆德爾 → No.029

◆ 菲依雅 → No.044
◆ 洛奇 → No.057
◆ 侏儒（矮人）→ No.063

饕餮之鏈

Gleipnir

侏儒打造，用於綁縛眾神之敵芬里爾的魔法繩索，其材料均是如今皆已不存在於世上的各種物質。

●以世間不存在的物品製成的繩索

饕餮之鏈是為綁縛惡神**洛奇**之子**芬里爾**而製作的魔法繩索。相傳這條由侏儒（矮人）工匠製造的繩索光滑柔軟有如絹繩，極為牢固。製作饕餮之鏈的時候，侏儒用的是「貓的腳步聲」、「女人的鬍鬚」、「山的根」、「熊的肌腱」、「魚的呼氣」、「鳥的唾液」這六樣材料。因為這個緣故，這些材料都全數被採擷殆盡，如今都已不復存在。但也許這些東西還是有若干的漏網剩餘，畢竟現在還是有少數會長鬍鬚的女性，還是有走路會發出腳步聲的貓存在。

根據《史諾里愛達》的〈欺騙吉魯菲〉記載，當初製作饕餮之鏈的經過是這樣的：

從前眾神將剛誕生的芬里爾飼養在阿薩神域，可是當眾神得到預言說芬里爾將為他們帶來災厄的時候，便打算將牠拘束起來。眾神先是鍛造出一條叫作雷汀格（Læðingr）的鎖鏈，然後便騙芬里爾說是要試試牠的力量、將牠綁將起來，豈料芬里爾不費吹灰之力就將這條鎖鏈扯斷，輕輕鬆鬆重獲自由。

接著眾神又打造了一條比雷汀格強韌兩倍的鎖鏈多洛米（Drómi），結果卻與先前毫無二致。這下子眾神真正感受到了芬里爾的威脅，遂派遣福瑞的僕從**史基尼爾**去找侏儒，尋求他的幫助，**饕餮之鏈**因此終於問世。眾神便是靠著這條繩索才好不容易綁住了芬里爾。然而，這個眾神不惜背信、甚至還犧牲了戰神**提爾**右手的枷鎖，到頭來也只不過是暫時地鎖住芬里爾而已。待到終末戰役諸神黃昏來臨時，芬里爾也掙脫了饕餮之鏈的束縛重獲自由，開始實現先前的預言。

全世界僅此一條的繩索

饕餮之鏈

眾神歷經兩次失敗以後，委託侏儒（矮人）製作的魔法繩索。其材料都是已經不復存在的物質，而這則傳說也成了說明為何世上沒有這些東西的理由

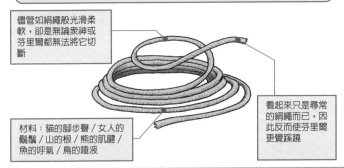

儘管如絹繩般光滑柔軟，卻是無論眾神或芬里爾都無法將它切斷

看起來只是尋常的絹繩而已，因此反而使芬里爾更覺蹊蹺

材料：貓的腳步聲／女人的鬍鬚／山的根／熊的肌腱／魚的呼氣／鳥的唾液

饕餮之鏈的製作經過

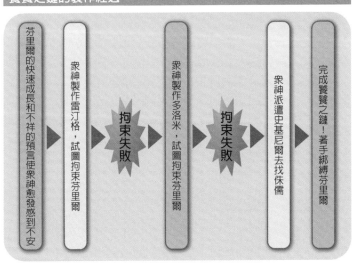

芬里爾的快速成長和不祥的預言使眾神愈發感到不安

眾神製作雷汀格，試圖拘束芬里爾

拘束失敗

眾神製作多洛米，試圖拘束芬里爾

拘束失敗

眾神派遣史基尼爾去找侏儒

完成饕餮之鏈！著手綁縛芬里爾

關聯項目

◆提爾→No.025　　　◆洛奇→No.057
◆史基尼爾→No.043　◆芬里爾→No.058

雷瓦霆

Lævateinn

世界樹伊格德拉西爾的樹頂有隻發光的黃金公雞，而惡神洛奇鍛造的雷瓦霆便是唯一能夠屠殺這隻公雞的劍。

● 屠殺黃金公雞的魔劍

雷瓦霆是一柄其名見載於古詩集《格蘿亞的咒歌》（Grógaldr）與《菲歐史維德之歌》（Fjölsvinnsmál）的魔劍。這柄亦稱「傷害之杖」的雷瓦霆，乃是惡神**洛奇**運用**魯納文字**於**尼弗海姆**門前鍛造之物，後來不知為何落入了**穆斯佩海姆**蘇爾特的妻子辛摩拉之手，她用九道鎖將這柄劍鎖在一個叫作雷格倫（Lægjarn）的箱子裡嚴密保管。雷瓦霆是這世間唯一一柄能夠屠殺世界樹**伊格德拉西爾**樹頂綻放著雷光的黃金公雞維多福尼爾的劍。北歐傳說裡面是這樣提到它的：

故事的主角名叫史威普達格（Svipdag），有一天，壞心的後母命令他找出一名叫作夢葛羅德（Menglöð）的女性並且得到她的愛。史威普達格在亡母格蘿亞（Groa）的協助之下開始探索，經過極漫長旅途終於抵達位於**喬登海姆**的夢葛羅德館邸，可是那館邸非但受到火焰包圍，而且還有猙獰惡犬看守，根本無法進入。煩惱的史威普達格不知如何是好，於是開口向把守館邸入口的巨人搭訕。也不知那巨人是否同情史威普達格，竟然告訴他說那頭惡犬愛吃的食物便是維多福尼爾的兩隻雞翅肉。史威普達格接著又問巨人如何才能得到那雞翅肉，而當時巨人口中那柄能夠殺死維多福尼爾的劍，正是雷瓦霆。史威普達格不知道雷瓦霆在什麼地方，仍舊緊追著巨人問說該如何做才能取得此劍，於是巨人便教他去取維多福尼爾尾巴的羽毛交給辛摩拉。就在故事情節正要步入軌道的時候，卻極唐突地就此劃上句點，原來巨人在交談中發現史威普達格便是夢葛羅德盼想的對象，兩人也就此直接結成了連理。

傷害之杖

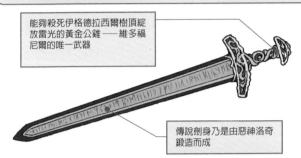

雷瓦霆

雷瓦霆是穆斯佩之長蘇爾特的妻子辛摩拉，用九道大鎖鎖在大箱子雷格倫裡面嚴密保管的魔法之劍。近年來往往被視同為蘇爾特所持的火焰之劍，不過這兩柄應該是不同的劍

能夠殺死伊格德拉西爾樹頂綻放雷光的黃金公雞——維多福尼爾的唯一武器

傳說劍身乃是由惡神洛奇鍛造而成

困擾著史威普達格的問題

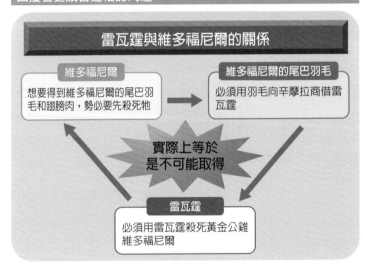

雷瓦霆與維多福尼爾的關係

維多福尼爾

想要得到維多福尼爾的尾巴羽毛和翅膀肉，勢必要先殺死牠

維多福尼爾的尾巴羽毛

必須用羽毛向辛摩拉商借雷瓦霆

**實際上等於
是不可能取得**

雷瓦霆

必須用雷瓦霆殺死黃金公雞維多福尼爾

關聯項目

魔法拋網

北歐神話裡面有兩張拋網，一張是惡神洛奇曾經使用過的拋網，另一張卻是用來捕捉洛奇的工具。

●惡神洛奇和兩張拋網

拉恩的拋網乃是海神**阿戈爾**之妻拉恩的所有物，是張一次便能將海中所有溺死者打撈起來的魔法拋網。拉恩便是憑著這張拋網，將所有海上的遇難者打撈起來佔為己有，連同他們的財貨寶物也一併盡入其手。《史諾里愛達》的〈詩語法〉說，阿薩神域眾神是在阿戈爾舉辦的宴會上才首次見到這張拋網，但其實也有人早就知道有這張拋網的存在，此人便是惡神**洛奇**。《詩歌愛達》的〈雷金的話語〉（Reginsmál）記載，從前弗列茲瑪（Hreiðmarr）索討兒子歐特（Ótr）遭殺害的賠償金之際，洛奇便盤算著要把侏儒（矮人）安德華利的黃金佔為己有，他知道安德華利平時都是化身成梭魚，住在瀑布下的水潭裡，遂向拉恩借來拋網擒住了安德華利。

然而諷刺的是，洛奇後來遭眾神囚禁起來，同樣也是拜拋網所賜。洛奇自從在阿戈爾的宴會中痛罵眾神以後，便銷聲匿跡躲到祕密的地點藏匿。面對著怒火沖天的眾神在後頭緊緊追捕，他開始設想眾神將會用什麼方法捕捉自己，而拋網正是於焉問世的試作品。好巧不巧，拋網甫完成眾神便已經發現洛奇的藏匿場所，他慌慌忙忙便將拋網擲入火中，自己則是變身成鮭魚逃進河裡。豈料與眾神同行的賢者卡瓦希爾竟憑著火堆裡的餘燼製作出相同的拋網，而洛奇亦沒能逃過眾神緊追不捨的追捕，眼看著就要躍過拋網的時候，最終仍遭雷神**索爾**所擒。

由於與拋網的關係如此密切，亦有說法認為洛奇很可能是蜘蛛的化身。

兩張拋網

拉恩的拋網

屬於海神阿戈爾之妻拉恩所有的魔法拋網，用來打撈海難的溺死者和他們的財貨寶物。曾經借給洛奇搜刮侏儒安德華利的財寶

洛奇的拋網

洛奇在離開眾神、躲到某個四面都有窗戶的藏匿場所以後製作的拋網。此拋網乃是洛奇為設想眾神將以何種方法追捕自己而製，相傳是以亞麻編成，構造跟人類使用的拋網頗為相似。洛奇在眾神殺到的時候把這張拋網丟進火裡燒掉了，可是與眾神同行的賢者卡瓦希爾卻又重新做了一張拋網，並將此技術交給眾神

洛奇與拋網的關係

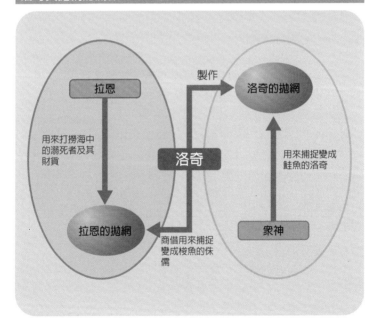

製作

拉恩

洛奇的拋網

用來打撈海中的溺死者及其財貨

洛奇

用來捕捉變成鮭魚的洛奇

拉恩的拋網

商借用來捕捉變成梭魚的侏儒

眾神

葛羅提的石臼

Grótta

葛羅提的石臼是樣能夠實現推磨者願望的寶物，然則無窮無盡的欲望終將使其擁有者步向毀滅。

● 挑動慾望的魔法石臼

葛羅提的石臼是《詩歌愛達》的〈葛羅提之歌〉（Gróttasöngr）等文獻提到的魔法石臼。這座石臼能夠磨出推磨者想要的東西，但據說這個石臼非常重，人類根本就推不動。《史諾里愛達》的〈詩語法〉說這座石臼是由某個名叫亨基邱夫特（Hengikjöptr）的人物送給丹麥國王弗羅德（Fróði）的。由於這座魔法石臼能發揮極大效果，想當然會大大挑動擁有者的諸多欲望，這座石臼到最後也是因此被沉入了海底。

某次弗羅德得到一對名叫菲妮亞（Fenia）和美妮亞（Menia）的巨人姐妹，於是決定派她們來推石臼。剛開始的時候，巨人姐妹是抱著希望弗羅德能夠得到黃金，使國家能夠得到和平的願望在推石磨，可是愈來愈貪心的弗羅德卻說「睡覺的時間不可以比杜鵑沉默的時間或是朗讀詩歌的時間長」，強迫她們繼續推石磨。巨人姐妹對此甚為氣忿，於是推石臼時，遂祈願想要得到能夠消滅弗羅德的軍隊，結果弗羅德的國家當晚就被海盜王繆金（Mysing）率領的軍隊給消滅了。

得到這座石臼以後，繆金便帶著菲妮亞美妮亞要回到自己的國家，回程途中在船上便要她們磨出鹽巴來。菲妮亞和美妮亞應其要求磨出許多鹽巴，問繆金如此是否足夠，可是繆金卻還要她們磨出更多鹽巴，重量因而導致船隻失去平衡，結果把石臼跟鹽巴都沉入了海底，從此全世界的海水都變成鹹的。

此類故事可見於世界各地，就連日本也有相同的傳說「噴鹽臼」流傳。

挑動欲望的石臼

葛羅提的石臼

丹麥國王弗羅德得自亨基邱夫特的魔法石臼，能夠磨出推磨者想要的東西。然其效果太過強大、挑動眾人欲望愈發高漲，所以最後才被沉入了海底

石臼重到唯獨身懷怪力的巨人之女雙人合力才推動

葛羅提的石臼所有者的變化

亨基邱夫特

將葛羅提的石臼送給弗羅德的人物。故事裡並未記載他究竟是是何人物，以及他將石臼送弗羅德是何目的

弗羅德

丹麥國王。於瑞典得到菲妮亞美妮亞巨人姐妹以後，便派兩人推磨石臼，建立起和平的國家。可是惡劣的勞動條件使巨人姐妹甚為氣忿，遂召來軍隊滅掉國家，而弗羅德亦遭殺害

繆金

巨人姐妹菲妮亞美妮亞召喚來的海盜王。他在取得石臼的回程船上想要試試石臼的力量，卻因為太貪心磨出超過船隻承載量的鹽巴，使得整艘船連同石臼，都沉沒於汪洋之中

齊格魯的寶物

齊格魯乃以屠龍英雄而馳名，而陪伴支撐他經歷諸多冒險的，便是名劍格拉墨和愛馬格拉尼等各樣寶物。

●支援齊格魯的寶物

《詩歌愛達》和薩迦等諸多文獻均有記載屠龍英雄**齊格魯**的活躍事績，然則其豐功偉業並非單憑實力所能及，而是因為擁有諸多寶物方能達成。

以齊格魯之劍而聞名的格拉墨，其實本是齊格魯的父親**齊格蒙**使用的寶劍。當初齊格蒙的妹妹齊格妮結婚的時候，主神**奧丁**忽然現身婚宴，並且將劍插在房間中央的大樹之上，在場所有男性僅齊格蒙一人能將寶劍拔出。其後齊格蒙亦憑著這柄寶劍立下了諸多偉大功業，但這柄劍卻在後來因為齊格蒙的第二任妻子休爾狄絲而起的戰事當中，遭奧丁親手折斷，使得齊格蒙丟了性命。臨死前齊格蒙將此劍殘骸交給妻子，交待她為尚未出世的兒子重新鍛造此劍，而齊格魯長大以後其養父雷金（Reginn）為他重新鍛造的寶劍，便是這柄格拉墨。格拉墨鋒利無比，將此劍立於河中，便能將順流而下的線團有如流水般切作兩半，輕輕一揮就能把鐵砧一分為二。

另一方面，齊格魯的愛馬格拉尼則是匹流著奧丁愛馬**斯萊布尼爾**血液的灰馬。這匹優秀的馬因為血統的緣故而不知恐懼為何物，能夠輕鬆地躍過熊熊烈焰。齊格魯是靠著奧丁的建言，才從當時母親寄於籬下的希亞普瑞克王（King Hjalprek）的馬場得到了這匹名馬。

除格拉墨和格拉尼以外，相傳齊格魯還擁有從惡龍**法夫尼爾**手中奪來、其魔力能使人陷入恐怖的埃吉爾頭盔，一柄名叫弗洛帝的劍和養父雷金鍛造的劍里迪爾（Ridill），以及吃下後便能聽懂動物語言的法夫尼爾的心臟等寶物。

《詩歌愛達》與薩迦記載齊格魯所擁有的寶物

格拉墨／Gram

格拉墨乃齊格魯委託雷金鍛造的名劍。此劍便是從前主神奧丁插在佛爾頌邸內大樹上的那柄劍，原屬齊格魯的父親齊格蒙所有。原劍自從在齊格蒙的最後一役當中遭奧丁親手折斷以後，便一直是由齊格魯的母親負責保管。相傳格拉墨鋒利得能將鐵砧一削為二，劍身還刻有魯納文字。

格拉尼／Grani

齊格魯的愛馬。擁有不畏烈焰一躍而過的勇氣以及繼承自斯萊布尼爾的灰色身軀。從前雷金告訴齊格魯說他沒有坐騎，於是齊格魯便去當時投靠的希亞普瑞克王的馬場挑選，傳說還說當時奧丁曾經化身成養馬師提出建言

埃吉爾頭盔／Œgishjálm

從前法夫尼爾使用的頭盔。這頭盔擁有能使人陷入恐怖的魔力，故亦稱「恐怖頭盔」。齊格魯打倒法夫尼爾後將頭盔帶回作為戰利品，但後來的傳說就幾乎再也不曾提及此物。法夫尼爾之所以會變成惡龍，便也是因為這頂頭盔的魔力所致

弗洛帝／Hrotti

弗洛帝跟埃吉爾頭盔同樣本是法夫尼爾之物，後來也同樣成了齊格魯的戰利品。由於弗洛帝經常被拿來跟雷金鍛造的里迪爾劍相提並論，因此它很可能是由原是鐵匠的法夫尼爾、雷金兄弟所打造

關聯項目

◆奧丁→No.017
◆齊格蒙→No.067
◆齊格魯→No.069

◆法夫尼爾→No.070
◆斯萊布尼爾→No.079

ダーインスレイブ

戴因斯列夫

Dainsleif

每出鞘必定要殺人的魔劍戴因斯列夫，它的殺戮究竟是憑著人的意志而起，抑或是憑著劍的意志而起呢？

● 渴於鮮血的魔劍

　　戴因斯列夫是《史諾里愛達》的〈詩語法〉所提到丹麥國王霍格尼（Hogni）的魔劍。此劍乃是侏儒（矮人）所鍛造，是柄「每一出鞘便要殺人、每一斬擊從不落空、每遭砍傷便無法癒合」的受詛咒武器。通常像這種魔劍都要輾轉於許多人之手，但戴因斯列夫卻一直都是握在霍格尼的手中，征戰直到世界的終末為止。

　　事情就要從女神**菲依雅**得到**布理希嘉曼**開始說起。這件事讓主神**奧丁**甚為惱怒，並要求菲依雅讓兩位王者相互爭鬥作為賠償，而目標便是霍格尼及其友人塞爾蘭※之王赫金（Hedin）。

　　某天赫金忽然遭到邪惡的念頭佔據，他非但襲擊霍格尼領土、殺死他的妻子，並強奪其女**瓦爾妲基麗婭**希露德及其財寶，而霍格尼也誓言報復，開始追殺赫金。希露德心裡其實並不憎恨赫金，她希望雙方可以和解所以試著說服父親，可惜並未成功；不久然連赫金自身也表示願意賠償，可是霍格尼卻已無法將拔出來的劍收回。於是，雙方軍勢便在霍伊島（Hoy Island）爆發激戰，但是卻遲遲沒有分出勝負。原來希露德不斷施魔法讓戰死沙場的戰士復活，因此兩軍才會僵持不下、不停征戰。最後這場世稱「夏茲寧古戰役」的爭鬥，竟就此持續直到終末戰役諸神黃昏來臨為止。《索里的故事、赫金與霍格尼的薩迦》（Sorli's Story, The Tale of Hogni and Hedinn）則說當初慫恿赫金的其實是菲依雅的化身格恩達爾（Göndul），而「夏茲寧古戰役」則是要到十四年後挪威國王奧拉夫・特里格瓦松的僕從伊伐（Ivar）將他們悉數殺光以後方告終結。

※ 塞爾蘭（Serkland）：塞爾蘭在北歐神話和薩迦裡面多指阿拔斯王朝和附近的回教穆斯林地區。

霍格尼的魔劍

戴因斯列夫

亦譯作「達因的遺產」，乃丹麥國王霍格尼之劍。由於北歐神話裡面有位名叫達因（Dain）的侏儒，因此亦有說法認為此劍乃他所鑄。《史諾里愛達》的〈詩語法〉便曾經提到他的名字

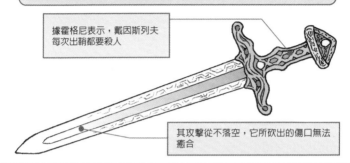

據霍格尼表示，戴因斯列夫每次出鞘都要殺人

其攻擊從不落空，它所砍出的傷口無法癒合

夏茲寧古戰役

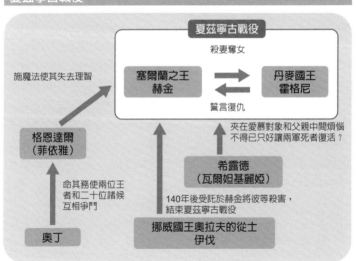

夏茲寧古戰役

殺妻奪女

塞爾蘭之王 赫金 ⇄ 丹麥國王 霍格尼

誓言復仇

施魔法使其失去理智

格恩達爾（菲依雅）

奧丁

命其務使兩位王者和二十位諸候互相爭鬥

夾在愛慕對象和父親中間煩惱不得已只好讓兩軍死者復活？

希露德（瓦爾姐基麗婭）

140年後受託於赫金將彼等殺害，結束夏茲寧古戰役

挪威國王奧拉夫的從士 伊伐

關聯項目

◆奧丁→No.017　　　　　◆菲依雅→No.044
◆瓦爾姐基麗婭→No.022　◆布理希嘉曼→No.086

提爾芬格

Tyrfingr

提爾芬格是從前的國王臨時興起命侏儒打造的寶劍，它既能為眾人帶來榮耀，同時卻也是柄招致毀滅的魔劍。

●帶來勝利與毀滅的武器

提爾芬格是從前的斯格爾拉美王（King Sigrlami）命令**侏儒（矮人）**杜華林（Dvalinn）與杜林（Durinn）打造的魔劍。當初這兩個侏儒是受國王計策所陷，無法從地面回到岩山裡，無奈只能依國王要求鍛造寶劍。當時國王提出「劍柄以黃金製、削鐵與削衣服同樣輕鬆、絕不會生鏽，而且無論誰擁有它都必定會獲得勝利」的無理要求硬塞給侏儒；侏儒雖然按照國王要求造劍，卻為洩忿而施下詛咒說是「每次出鞘就必定要殺死一個人。如此直到第三次為止，邪惡的願望都可以得到實現，但持劍者亦將因此步向死亡」，然後就回到岩山裡面去了。

侏儒施下的詛咒效果極大。奧拉夫王雖然恃著提爾芬格取得多次勝利，終於還是死於半巨人維京人阿倫葛利姆之手。其後提爾芬格落入阿倫葛利姆之子**狂戰士**安剛提爾手中，安剛提爾同樣亦是極盡暴虐之能事，終於與某位名叫雅爾瑪（Hjalmar）的戰士殺得兩敗俱傷、命喪黃泉。至此，提爾芬格暫時被埋在安剛提爾下葬的墓塚裡面，直到後來才經由安剛提爾之女——女扮男裝的維京人赫爾瓦爾之手得以重見天日。

儘管赫爾瓦爾並未因此劍而喪命，可是提爾芬格卻又在傳至其子赫德雷克時再度開始作祟。作為帶來榮耀的交換條件，赫爾瓦爾身邊親人的性命陸續遭提爾芬格剝奪，最後連自己的生命亦終告喪失。提爾芬格的劍刃完全不知停歇，相傳就連奧丁都曾為其所傷。最後一位得到提爾芬格的赫德雷克之子安剛提爾曾經說道「不幸就在我等頭頂」，或許這恰恰就是提爾芬格的本質也未可知。

受詛咒的魔劍

提爾芬格

提爾芬格是斯格爾拉美王強迫侏儒鐵匠杜華林和杜林鍛造的魔法之劍。因為侏儒的詛咒，這柄劍能夠實現其持有者的願望三次，然後帶來死亡

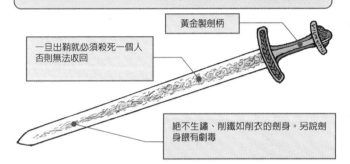

黃金製劍柄

一旦出鞘就必須殺死一個人否則無法收回

絕不生鏽、削鐵如削衣的劍身。另說劍身餵有劇毒

提爾芬格的歷任持有者

斯格爾拉美	憑著提爾芬格獲得多次勝利，遭海盜阿倫葛利姆殺害奪劍
安剛提爾	得父親阿倫葛利姆傳授此劍、與十一名兄弟一同出海為盜從事維京營生，卻戰死於一場因貴族王女而起的戰鬥之中
赫爾瓦爾	為復仇而挖開父親安剛提爾墓塚，並得父親亡靈傳授提爾芬格的男裝女海盜。活躍後得以全身而退
赫德雷克	赫爾瓦爾之子。曾經純粹只為惡作劇而殺人，因此被逐出家門。提爾芬格便是其母於當時所贈，豈料獲得此劍的他先是殺死兄長，然後又陸續殺害身邊親人，藉以換得更大的權力。赫德雷克是因為傷害前來試探他智慧的奧丁而遭詛咒、命喪沙場
安剛提爾	赫德雷克之子。因為遺產繼續問題而與胞弟赫列德（Hlöd）的國家開戰，並殺死赫列德

關聯項目

◆狂戰士→No.021　　　　◆侏儒（矮人）→No.063

提爾之劍

儘管身為戰神，《詩歌愛達》或《史諾里愛達》等主要資料對提爾的所有物卻幾乎從未有過任何記載，可是近年刊行的許多資料卻對提爾所持寶劍都有介紹。此節要介紹的便是這些資料的其中一個出典——昭和八年出版的松村武雄所著《北歐神話與傳說》，當中有關提爾之劍的記述內容。根據這項資料記載，提爾之劍乃是由伊瓦第（Ivaldi）的兒子們鍛造而成。與魔劍提爾芬格同樣，此劍也是柄持有者雖然能夠得人心治天下、最後卻將反遭其刃所斃的劍。

從前提爾曾經前往拜訪某位女司祭，說是「得此劍便能打倒任何敵人，希望妳慎加保管」將劍托付予她。女司祭將它懸掛於神殿中央，使沐浴閃耀於朝陽之中、每日祭祀，可是這把劍卻在某個夜裡忽然消失不見。眾人很害怕提爾將為此降下懲罰，女司祭卻傳達神明旨意曰「諾恩說，擁有該劍者雖然能夠統治天下，最後卻也會為該劍而滅。想必此刻的提爾已經在尋找將要擔負此命運者了吧」。相傳眾人聞言後紛紛聚集起來，想從女司祭口中問出提爾之劍現在何處，但她並沒有回答這個問題。

不久以後，有名男子來到某個名叫科隆的城鎮，拜訪治理當地的地方長官維特利烏斯[*]；他給了維特利烏斯一把劍，然後慫恿他篡奪羅馬皇帝之位，完全被他說動的維特利烏斯果然率領軍隊往羅馬前進，途中卻被一名德國人部下把劍掉了包。

當時，同樣想做皇帝的韋斯巴薌[*]部隊也在步步逼近羅馬。原本維特利烏斯自信憑著提爾之劍的守護力量必勝無疑，但當他發覺劍被掉包的時候，就拋下軍隊的指揮權自顧自地逃命去了；可是維特利烏斯很快又被背叛他的德國人發現，遭提爾之劍砍下了首級。

後來這名德國人又憑著提爾之劍的力量成功拉攏韋斯巴薌部隊，成為廣大領地的統治者。然而此時他也已經發覺此劍的魔力，隱遁山林後便將其深埋於地底；雖然此人最後得以善終，但提爾之劍又陸陸續續落入了許多人的手中。相傳提爾之劍在基督教傳入的同時也被採入其教義，成為大天使米迦勒[*]的所有物。

又有說法認為這則故事是古老的民間傳說，卻也有人說這是二十世紀初的海外小說。真相究竟如何不得而知，但筆者以為這柄終將背叛持有者的劍跟誠實的戰神提爾很是不搭。

---

[*] 維特利烏斯：奧魯斯．維特利烏斯．日耳曼尼庫斯（Aulus Vitellius Germanicus），羅馬帝國的皇帝之一。公元69年的「四帝之年」中，他的部隊擊敗了皇帝奧托，奧托自殺，維特利烏斯進入羅馬城，成了該年的第三位皇帝。但在69年年底，支持韋斯巴薌的部隊進入羅馬，維特利烏斯兵敗被殺。

[*] 韋斯巴薌：提圖斯．弗拉維烏斯．韋斯巴西亞努斯（Titus Flavius Vespasianus），英語作「韋斯巴薌」，羅馬帝國弗拉維王朝的第一位皇帝。他是四帝之年的最後一位皇帝，結束了自尼祿皇帝死後，帝國十八個月以來的戰亂紛爭情勢。在他十年的統治期間，積極與羅馬元老院合作改革內政，重建經濟秩序，後世普遍對這位皇帝有正面評價。

[*] 米迦勒（Michael）：希伯來神話傳說是打倒敵對者撒旦的大天使。名字的原意是「誰最像上帝」。他是上帝最早創造而且是最強而有力的天使，被認為是上帝的第一護衛。

第 4 章

北歐雜學

信仰北歐諸神的民族

信仰北歐諸神的究竟都是些什麼樣的民族，而他們擁有的心性又是如何呢？

●信仰異教諸神的維京人

從前信仰北歐神話諸神的，主要是定居於丹麥、瑞典、挪威與冰島等四個在北歐地區裡屬於日耳曼國家的民族。屬於亞洲系統的芬蘭等國雖然亦有受到若干影響，但他們信仰的可說是另一群完全不同的神明。

其實這些北歐神話所述諸神受到信仰最鼎盛的時期約在西元1000年前後，而保存北歐諸神信仰形式最久的瑞典大約是在跨越西元1100年的界線以後，才遭到基督教同化，因此在這以前的時代擁有與現在不同的信仰，而被視為是異教時代。

當試圖勾勒出異教時代北歐民族形象的時候，維京人應該是最明顯易懂的樣版了。西元800年前後維京人首度出現於歐洲的歷史舞臺，從此便縱橫四海到處征戰，直到約1100年為止，他們的行為看在現代人眼裡往往是極端暴力而野蠻。維京人固然擁有其掠奪者的一面，但現實中的維京人卻是徹頭徹尾的生意人，也是群擁有高度航海技術的移居民族。其次，據說他們在故鄉是致力於農業、畜牧和漁業的生產者，同時也是優秀的巧手工匠。除此以外，由王侯、自由民和奴隸三個階級組成的維京人社會，還是個高度法律化的社會，因此他們絕非一般人想像中的北方野蠻人。

諸神信仰與維京人的生活有很密切的關係，他們並無職業祭司之類的角色，每日的祭祀乃是由各地區代表或家長執行。各個家族都有各自信奉仰賴的神祇，每有祈願就要獻犧牲品祭祀。冬至要舉行猶爾大祭，據說眾人聚集起來決定諸事的民會，也是從向神明祈禱的儀式演變而來。此類情景在許多薩迦裡面都有記載，成為今日拼湊當時信仰生活的重要線索。

北歐神話諸神的主要信仰區域

格陵蘭(殖民地)

冰島

挪威

瑞典

丹麥

儘管同樣位於北歐地區,芬蘭卻是另屬其他文化圈,因此信仰的神明似乎也不相同

異教時代的北歐民族

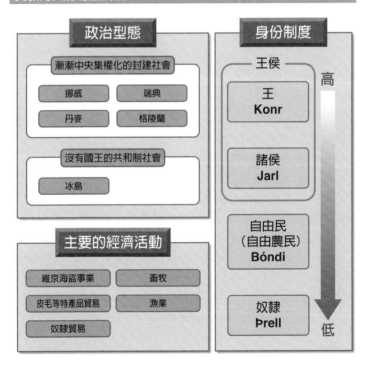

政治型態

漸漸中央集權化的封建社會

| 挪威 | 瑞典 |
| 丹麥 | 格陵蘭 |

沒有國王的共和制社會

冰島

主要的經濟活動

維京海盜事業	畜牧
皮毛等特產品貿易	漁業
奴隸貿易	

身份制度

王侯

王
Konr

諸侯
Jarl

自由民
(自由農民)
Bóndi

奴隸
Prell

高

低

北歐的住屋

北歐地區即便時值夏季氣候依舊是寒冷而嚴苛，當地居民究竟是生活在怎麼樣的住居裡呢？

● 屋頂鋪設草皮土的住家

異教時代的北歐地區並沒有一個全域共通的住居形式。北歐世界各地的資源生產差異性極大，所以森林資源豐富的地區多是木造住宅，木材短缺處便使用石頭或土牆等材質搭建住居，各區之間參差不一。北歐地區的各種住宅當中，數量最多的是種人稱長屋（Longhouse）形式的住居。

一般的長屋都是以石頭為基礎、以草皮土修葺成屋頂的住居。最初期的形狀被形容說屋頂像是艘翻過來的船，也許是受此原型之影響，後來長屋的屋頂線條也通常都跟船底一樣是彎曲的。長屋幾乎都沒有窗口或煙囪，就算有，頂多也只是個跟家畜膀胱差不多大的小窗子而已，因此室內往往是煙霧瀰漫、非常昏暗。當然，這些全都是為了防寒所做的設計。

初期的長屋幾乎全都沒有隔間，實際上他們稱作史卡利（Skali，或稱史徒法）的主廳似乎便是他們所有的生活空間。剛開始的時候不光是家人和奴隸，就連家畜也都是生活在同一個空間裡，直到後來才逐漸區分出客廳、玄關、廚房、家畜欄圈、鍛冶場以及蒸氣浴場等各種房間，最後甚至還從主屋分離出獨立的小屋。即便如此，眾人的生活起居依舊還是以史卡利為中心。

史卡利兩邊靠牆處設有兩排板凳，板凳中央設有高座，家長和客人便是坐在這個位置；高座兩旁設有房柱，上面刻著雷神**索爾**等神明的肖像。此外，史卡利的牆面經常會以長條狀的壁毯裝飾，這是為豐富毫無趣味的無窗空間所做的設計，他們便是在這個空間裡起居生活、招待客人飲宴同樂。

異教時代北歐的一般住居

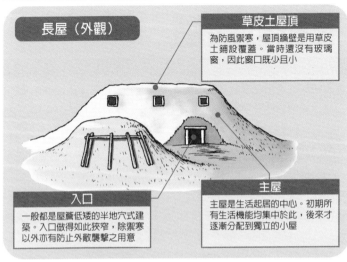

長屋（外觀）

草皮土屋頂

為防風禦寒，屋頂牆壁是用草皮土鋪設覆蓋。當時還沒有玻璃窗，因此窗口既少且小

入口

一般都是屋簷低矮的半地穴式建築。入口做得如此狹窄，除禦寒以外亦有防止外敵襲擊之用意

主屋

主屋是生活起居的中心。初期所有生活機能均集中於此，後來才逐漸分配到獨立的小屋

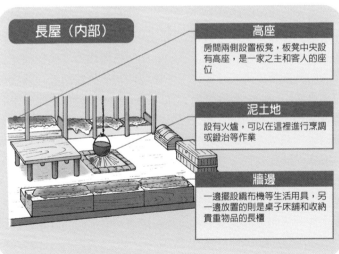

長屋（內部）

高座

房間兩側設置板凳，板凳中央設有高座，是一家之主和客人的座位

泥土地

設有火爐，可以在這裡進行烹調或鍛治等作業

牆邊

一邊擺設織布機等生活用具，另一邊放置的則是桌子床鋪和收納貴重物品的長櫃

關聯項目

◆索爾 → No.023

北歐的服裝

異教時代的北歐民族往往容易因為維京人的固有形象而被看作是野蠻人，但他們其實都是相當在意服裝打扮的時尚追求者。

●相當重視服裝打扮的民族

當時一般男性穿的上衣，是款下襬及於大腿中段的長束腰衣。這衣服是用皮革腰帶固定在腰部，並使用以神話爲主題的腰帶釦。文獻記錄到褲子有好幾種種類，包括較貼身的細長款，以及在膝蓋的下緣打綁腿的寬鬆褲型等，帽子也有用鞣製皮革等材質做的尖頭帽和寬簷氈帽等，形形色色不一。鞋子是將鞣製皮革折疊成袋狀、切掉多餘部分所製成，腳踝處則是用繩子綁著。另外他們還會在右肩別胸針裝飾、披用下襬兩端尖起的長斗篷；斗篷開口設在身體右側，這樣比較方便拔劍。女性的服裝則是無袖的長裝爲主，以肩繩連接身體前後的兩片布料，然後用胸前一對龜型胸針從內側將其固定。這對胸針中間有條細鍊子連接，可以拿來掛剪刀、針線盒、小刀和鑰匙等小東西。除此以外，她們也經常會在胸前再罩上一件用胸針固定的披肩。據說女性一個不經意的動作、從披肩下露出的手臂，對當時的男性來說是極具魅力的畫面。她們的髮型相當多樣，包括馬尾、編髮和髮髻等，還經常結圍巾遮住脖頸。當然，北歐女性的服裝並無固定形式，甚至還有記錄描繪年輕女性穿迷你裙搭配靴子的隨便打扮。

當時的北歐人無論男女，對裝飾品也都很講究。男性會配戴以貴金屬製成的手環，或是以某種叫作弗拉茲髮帶打扮；女性則是更加豪華，她們會配戴大量與自己的財產、身份相稱的首飾。

異教時代的男性服裝

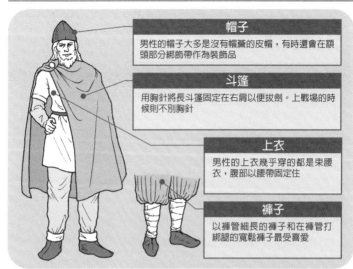

帽子

男性的帽子大多是沒有帽簷的皮帽，有時還會在額頭部分綁飾帶作為裝飾品

斗篷

用胸針將長斗篷固定在右肩以便拔劍。上戰場的時候則不別胸針

上衣

男性的上衣幾乎穿的都是束腰衣，腹部以腰帶固定住

褲子

以褲管細長的褲子和在褲管打綁腿的寬鬆褲子最受喜愛

異教時代的女性服裝

頭部

身分高貴的女性多會佩戴頭飾。無論男女都喜歡蓄長髮

首飾

女性的首飾、手環等是配偶者經濟狀況的指標

外衣

極具特色的衣裝是以胸前的兩個胸針固定住，胸針上經常會掛著小刀、鑰匙等小物品。此外據說在更早的時代，女性穿在裡面的衣服是沒有袖子的。除此以外，她們經常還會在外面罩上一件披肩

圍裙

許多女性都穿著圍裙；這種圍裙是固定在腰部，不會覆蓋到胸口

北歐的餐桌

神話資料和薩迦經常會描述到北歐人用餐的情形，本節就讓我們來看看異教時代北歐的餐桌是何模樣。

● 異教時代呈上北歐餐桌的各種食材

當時的北歐人的用餐習慣是每天兩回，分成早上九點的「白天的用餐」和晚上九點的「晚間的用餐」；他們重視白天的飲食更甚於夜晚，晚上吃的其實比較類似於宵夜性質。

其飲食內容是以麵包和燕麥粥為中心，搭配肉類、海產和乳製品加上少量蔬菜和飲料。雖說主食都是麵包，但不同身份階級吃的麵包都有不同，王族諸侯吃的是柔軟的白麵包，從自由民至奴隸階級吃的麵包裡摻的小麥殼愈來愈多，愈是乾巴巴。其中最特別的當屬為維京遠征等目的所製作的保存用麵包，這種麵包不但非常硬、適於長期保存，而且還會摻入松樹皮等物以預防壞血病發生。

肉類料理是北歐人在宴會等場合招待客人的大餐。主要食用的是羊和山羊、牛和豬等家畜家禽的肉，較特別的是他們也會吃馬肉等肉類，不過隨著基督教的流傳就漸漸不再吃了。其調理方法也非常單純，多是以窯穴蒸烤、直火烘烤、鍋子烹煮為主。海產料理也經常是他們的盤中飧，最常吃的是鯡魚和鮭魚，多是製成方便保存的魚乾食用。除此以外，許多薩迦裡亦有描述到北歐人食用漂流擱淺在海岸的鯨魚肉和海豹等肉類。

蔬菜和水果在寒冷的北歐地區並不多，文獻曾經記錄到的亦僅有洋蔥、海藻苔類之類的而已。雖然北歐也有蘋果、核桃和榛果等果物，但這些都不是庶民吃得起的東西。

至於飲料則是有麥酒、乳漿、蜂蜜酒和葡萄酒等，其中蜂蜜酒和葡萄酒似乎是擁有相當財力的人才會喝的飲料。

異教時代北歐餐桌上的主要食材

主食
- 各種麵包
- 粥（主要是麥）

肉類
- 羊、山羊
- 馬（獻祭等場合）
- 豬、山豬
- 家禽

魚類
- 鯡魚
- 鮭魚
- 鯨魚、海豹

蔬菜
- 洋蔥
- 海藻
- 苔類

飲料
- 葡萄酒
- 蜂蜜酒
- 麥酒
- 乳漿

其他
- 乳製品
- 核桃等果實類

神話描述到的食品

鯡魚和粥	〈哈爾巴德之歌〉裡索爾的食物。索爾指其為「大餐」
煮豬肉	烹煮母豬塞弗利姆尼爾，用來招待英靈戰士的料理。相關記述可見於《史諾里愛達》
煮山羊	用替索爾拉車的兩頭山羊煮成的料理，是貧窮農家很難看到的大餐。相關記述可見於《史諾里愛達》
鮭魚、牛肉	〈斯留姆之歌〉裡扮成新娘的索爾大吃特吃的大餐。〈希米爾之歌〉等其他神話也有許多跟牛肉有關的記錄
其它	〈里格之歌〉（Rígsþula）記載了各階級家庭飲食生活的内容，身份階級愈高，吃的東西也就愈好

北歐的娛樂

當時的北歐民族相當熱衷於從事各種娛樂，其中有些活動在眾神的世界裡似乎也很流行。

●北歐人熱衷的各種競賽

異教時代的北歐人的娛樂生活其實相當多元化。

戶外活動方面，當時的北歐男性相當熱衷於球技與鬥馬。球技的規則如今已不可考，但在當時是相當普遍的娛樂之一，似乎是種相當粗野的活動，據傳甚至還曾經有人在競賽中負傷而死；所謂鬥馬則是雙方將各自的馬湊在一塊兒，用棒子操縱使其互鬥的活動，而擁有優秀的馬匹在當時可謂是男性身份地位的象徵。除此以外還另有摔角、游泳、擲木柴等形形色色的娛樂活動，不過基本上都是些較量彼此實力的競技，因此不滿比賽勝負，進而發展成互相砍殺的事件亦不在少數。

再說到室內的娛樂，首先就是邀請客人召開宴會了。當時北歐人彼此住的距離頗遠，入冬後幾乎鮮少與他人往來，是故大多都亟欲得知其他人的消息動向，而宴會恰恰為他們提供了極為理想的情報交換場所。當宴會氣氛熱絡起來以後，眾人就會開始朗讀詩歌，據傳能作好詩是當個好男人的必要條件，因此他們便根據神話利用代稱（借代）法唱出了各式各樣的詩歌。除此以外，當時似乎還有種拿吃剩的骨頭或杯子丟人的遊戲，這些活動在雷神**索爾**拜訪巨人希米爾的傳說及**巴多**神話裡也都有描寫到。

除前述活動以外，北歐人也會從事象棋類的棋盤遊戲，由於同樣都是爭勝負的遊戲，因此而起的各種紛爭事件自然也頗多，但這些遊戲有別於戶外活動，從事活動者似乎都是以女性為主。此外，就連眾神似乎也對此甚為熱衷，《詩歌愛達》的〈女先知的預言〉便曾對他們使用過的黃金棋盤有過記載。

異教時代北歐的主要娛樂活動

戶外

鬥馬
異教時代北歐盛行的娛樂活動之一，以棍棒控制馬匹使其爭鬥

滑雪、溜冰
滑雪和溜冰是無論男女都喜愛的戶外娛樂，在冰天雪地的北歐也是與生活關係密切不可分的技術

球技
用球和棒子進行的粗野競技，每每多有死傷。規則不明

摔角
男性間互相較量實力的活動，在民會等場合亦相當盛行。至於是否有套如格鬥技般的技術體系就不得而知

競技

非競技

棋盤遊戲
身份高貴者喜好的娛樂。其他的棋盤遊戲也都是不論男女均可參與

宴會
通常都是交情好的朋友決定時間互相招待，是重要的情報交換場所

詩歌朗讀
當時男性的必備技術之一。除古時候的神話和英雄傳說以外，還會發表新作詩歌

投擲遊戲
向宴會的服務員或面對面的人丟擲杯子或吃剩的骨頭，當然發展成衝突的情況也相當多

室內

關聯項目

◆索爾→No.023　　　　　◆巴多→No.026

北歐的船隻

北歐地區四處盡是海洋環繞，船隻自然是與北歐人的日常生活密不可分的極重要工具。

●橫渡北歐海域的浪裡驃馬

當時北歐使用的船隻外觀極具特色。左右對稱的船體是用一整支的完整木材製成龍骨支撐，船首和船尾都設計成相同的高度。船體中央設有一支可以折疊起來的桅桿，張設於桅桿之上的船帆，多是以羊毛等材質粗織而成的長方形帆布。船身側面是用木板重疊張貼的疊接式工法（clinker construction）打造而成，上面開有可將船槳伸出船體外的槳叉洞，可視必要選擇用風帆航行或者划槳航行。此外，北歐船隻經常會在船頭裝設表情可怖的船首像，其目的除威嚇敵人以外，還有保護船隻不受惡靈、各地守護靈侵襲的用意，因此每當船隻進入友好港時都會事先將船首像取下。這些船隻並未設置乘組員的座位，因此船員們出海航行時，都是坐在兼具收納私人物品功能的箱子上頭。

當然，上述船隻特徵只不過是其中一個類型而已，實際乘用的船隻種類其實相當多。舉例來說，戰鬥用船隻船身窄、吃水淺，故而航行速度快動作靈活，反之載貨能力較低，不適於長途航海。另一方面，貿易用船隻船身較廣、吃水深，還能捨棄槳叉洞，將船體中央改為載貨空間使用，可以搬運輸送大批貨物。除此以外，古時候流傳下來的皮船和獨木船等也仍有使用。

儘管船隻是維京海盜從事略奪和貿易的必備工具，建造費用卻是所費不貲，所以船隻通常均非個人所能擁有，多是由眾人籌資共同購買。

異教時代北歐船隻的特徵

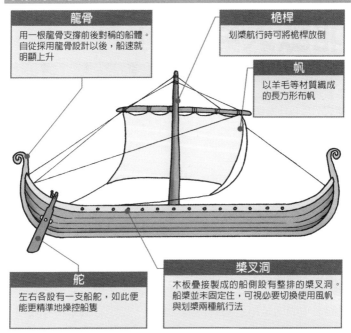

龍骨
用一根龍骨支撐前後對稱的船體。自從採用龍骨設計以後，船速就明顯上升

桅桿
划槳航行時可將桅桿放倒

帆
以羊毛等材質織成的長方形布帆

舵
左右各設有一支船舵，如此便能更精準地操控船隻

槳叉洞
木板疊接製成的船側設有整排的槳叉洞。船槳並未固定住，可視必要切換使用風帆與划槳兩種航行法

當時北歐一般的船隻

戰船／Longship

當時北歐使用的戰船。船體短而窄，故船速快而靈活。船身整體均設有槳叉洞，划槳航行亦相當熟練。通常會在船舷設置排列盾牌

商船／Kaupship

當時北歐使用的商船。與戰船相較之下船體長而寬，船側中央為改成載貨空間故而並無槳叉洞設計。由於載貨量較大，遷徙移居等場合也經常會用到

北歐人與戰鬥

異教時代的北歐人經常會遭遇到各種性命交關的場面，戰鬥對他們來說究竟有什麼樣的意義呢？

●帶著武器作為旅伴

　　對無法忍受侮辱、從事海盜略奪作為經濟活動的異教時代北歐人來說，戰鬥是種非常貼近於生活的行為。這點從被視為主神**奧丁**格言的《詩歌愛達》的〈高人的箴言〉裡與武器相關的記述內容之多亦不難得知。

　　當時北歐人使用的武器主要有劍、斧、槍、弓，尤其劍和斧頭甚至可以成為某種地位的象徵，以雕刻和鑲嵌寶石做精美的紋飾。他們拿來保護身軀的是木製的大盾牌，盾牌的形狀是圓形，中間則是用金屬零件補足強度。鎧甲有鎖子甲和皮甲，不過除家境較富裕者以外，一般都是以皮甲為主流。他們頭上戴的是附有護鼻的淚滴形頭盔，分成皮製與金屬製兩種；有些人會在頭盔上面裝角，但那些都是儀式專用的頭盔。

　　北歐男性在戰鬥中追求的目標，除男兒豪氣與英勇表現以外別無其他，故而臨戰退縮或恐懼動搖者，都會成為眾人侮辱的對象。其次，殺人的行為雖然可能要以賠償或復仇尋求解決，但是在當時並非如此重大的罪行；然而，殺人後隱而不宣或者夜裡殺人卻是不被允許的卑劣行為。

　　無論陸地或海面，團體戰的關鍵都在於指揮者，只要指揮者被殺戰鬥便告終結，所以他們會用盾牌建造「盾城」交由指揮者戍守。戰事都是以弓箭、投石、擲槍揭開序幕，尤其擲槍更擁有祈求戰事勝利的咒術意義，指揮者對敵陣投擲長槍以後才展開的戰鬥也相當多。此風俗亦反映在神話當中，《詩歌愛達》的〈女先知的預言〉，就描寫了戰爭中奧丁站在最前頭投擲長槍的模樣。

異教時代的主要武裝

頭盔

淚滴型頭盔。有金屬製與皮製，有些會在上面裝角，但只有儀式才會使用

防具

防具以皮製胸甲為主。鎖子甲只有王侯和有權有勢者才穿得起

劍	當時的主要武器之一。劍身以德國（法蘭德斯*）製的最受歡迎
斧	當時除北歐以外已無人使用的武器。通常以女性名字命名
槍	主要是投擲使用。亦有貫穿盾牌、阻止敵人動作之意涵
弓	遠距離攻擊的主要武器，威力也相當大。相傳從前會用女性頭髮當作弓弦

盾

盾牌是重要的防具之一，受重視更甚於盔甲

異教時代的戰鬥流程與習慣

當時的戰鬥手段

朝敵軍投擲長槍

團體戰

以弓箭、投石器進行遠距離戰鬥

以長槍進行中距離戰鬥

個人戰

以劍、斧進行近距離戰鬥

有關戰鬥的重要習慣

殺人以後必須立刻宣告，否則會被視為暗殺

夜裡殺人乃屬禁忌

團體戰鬥在指揮者被殺的瞬間宣告結束

決鬥選在無人干擾的小島等地進行，雙方輪流進行攻擊

* 法蘭德斯（Flanders）：是傳統上比利時北半部的一個地區，人口主要是法蘭德斯人，區內語言是法蘭德斯語（一種荷蘭語的方言）。雖然今日的法蘭德斯通常是專指佔了比利時北半領土的法蘭德斯自治區，但昔日法蘭德斯亦曾包括法國北部和荷蘭南部的一部分。

關聯項目

◆奧丁→No.017

民會與法律

Þing & Laws

異教時代的北歐人對民會極為重視,究竟民會是個什麼樣的概念呢?

●民會

民會庭(Þing)是異教時代北歐人最重視的概念之一。所謂的民會是由武裝的成年男性自由民組成的聚會,負責制訂法律、審判,以及決定各種生活相關事項。民會是以各地方有權有勢的首長們為中心,因此當時的民會似乎擁有連國王也無法忽視的力量。另外,據說冰島還會從眾首長當中選出最高權力者「法的宣言者」。此外聚會的概念亦反映在神話世界當中,《詩歌愛達》的〈女先知的預言〉就有描述眾神舉行集會、決定諸多大小事的情形。

民會有分大大小小各種不同層級,各地區每月召開約二~三次,各地方則是每年召開數次。每次舉辦為期大約都在兩個禮拜左右,以祭祀場隔壁的神聖廣場作為會場。眾人聚集在會場後將以家族為單位建造暫時小屋,民會舉辦期間就住在這屋裡。這盛會對鮮少見得到面的人來說是極珍貴交換情報的場合,《詩歌愛達》的〈高人的箴言〉也說到民會的重要性。

●法律

從前北歐的法律是以民會制定的法律和一種習慣法所構成。由於這些法律並未明文記載,因此由耆宿長老以押頭韻*的定型句形式記憶背誦。其內容甚至及於日常生活中極細微處,北歐人的生活便是以這些法律為中心進行。

此外,北歐的法律跟信仰似乎也有很深的關聯,因為他們相信這些法律是因為有眾神做後盾而得以執行的。

---

* 頭韻(Alliteration):即指相連單詞的開頭使用相同字母或語音的修辭法。

民會之機能及構成要素

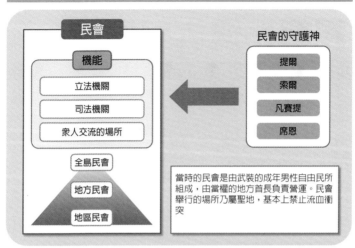

民會

機能

立法機關

司法機關

衆人交流的場所

全島民會

地方民會

地區民會

民會的守護神

提爾

索爾

凡賽提

席恩

當時的民會是由武裝的成年男性自由民所組成,由當權的地方首長負責營運。民會舉行的場所乃屬聖地,基本上禁止流血衝突

異教時代北歐法律的特徵與立法

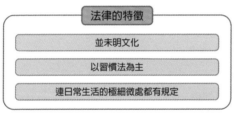

法律的特徵

並未明文化

以習慣法為主

連日常生活的極細微處都有規定

冰島的立法程序

提出新法案

首長討論

法案表決

由「法的宣言者」宣布

從此生效成為法律

和解、復仇與訴訟

異教時代的北歐極重視家族和名譽，經常會有各式各樣的紛爭發生，當時的北歐人是如何解決這些問題的呢？

● 各種紛爭的解決方法

異教時代的北歐有各式各樣解決紛爭的方法。

和解是這些方法當中最溫和的手段。通常都是在誠實的第三者陪同下進行，以雙方都能接受的形式進行賠償、達成協議。不過，最受當時北歐人喜愛、最名譽的解決方法，還是殺死對方的血之復仇；尤其是當同族遭殺害或侮辱的時候，希望採其他途徑解決的人，會被認為是沒有男子氣概。當然，選擇這個方法往往會陷入冤冤相報的惡性循環，朋黨族人悉數被滅的情形亦不少見。因為這個緣故，絕大多數的北歐人都是選擇下述的民會訴訟，作為處理爭端的解決方法。

若要在民會提出訴訟，最重要的便是人脈與話術。誰能夠說服民會的出席者，得到他們的支持，誰就能得到比較有利的判決。是故，訴訟者在審判開始前會仔細地事先進行疏通，並且滔滔辯說自己的主張具有正當性。倘若依舊無法分出勝負，則雙方就要在人稱霍姆岡（Holmganga）的孤島決鬥，否則就要將審判交給神明，舉行神明審判。

判決決定以後，接著要進行的就是處罰。處罰以支付賠償金和放逐流刑最為普遍。按照習慣法的規定，賠償金額將視對方所受損害或侮辱而決定；有時索賠金額極為龐大，甚至會害得整個家族都破產。另一方面，放逐流刑則是分成固定年限和永久放逐兩種，無論刑期長短財產都會被沒收，所有受保障的社會權益都會遭到剝奪。任何人都不准保護放逐者，相對地，任何人也都不准攻擊他們。這些人被蔑稱為「森林裡的人」、「狼」，鮮少能夠存活下來。

異教時代北歐解決紛爭的方法

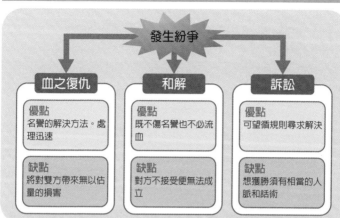

發生紛爭

血之復仇	和解	訴訟
優點 名譽的解決方法。處理迅速	**優點** 既不傷名譽也不必流血	**優點** 可望循規則尋求解決
缺點 將對雙方帶來無以估量的損害	**缺點** 對方不接受便無法成立	**缺點** 想獲勝須有相當的人脈和話術

神話中紛爭與解決之案例

弗列茲瑪家族擒拿奧丁

理由 弗列茲瑪之子歐特遭殺害	被害方的要求 血之復仇	解決方法 眾神提出賠償，和解成立

史卡姬訪問阿薩神域

理由 史卡姬之父夏基遭殺害	被害方的要求 血之復仇或賠償	解決方法 眾神提出賠償，和解成立

巴多遇害及其復仇

理由 奧丁之子巴多遭殺害	被害方的要求 血之復仇	解決方法 瓦力對霍獨爾進行血之復仇

血誓兄弟之儀式

Fóstbrœðra-lag

血誓兄弟乃憑鮮血與契約所結成，擁有不亞於血族關係的強大力量。

●男人與男人的義兄弟之情

對當時的北歐男性來說，與他人的關係是非常重要的事情。《詩歌愛達》的〈高人的箴言〉也大力主張說，沒有朋友的人生將是何等空虛，而所有關係當中最受到推崇的，便是血誓兄弟之儀式佛斯特布雷斯拉（Fóstbrœðra-lag）。結義者將被視爲擁有某種血族關係，會如同家人般互相扶持互相幫助。當然，倘若血誓兄弟當中有人遭到殺害，那就必定要替他們報仇雪恨。舉例來說，北歐神話裡的主神奧丁跟惡神洛奇便是血誓兄弟的關係。也是因爲這個緣故，《詩歌愛達》的〈洛奇的爭論〉才會描寫到惡神洛奇不請自來的時候，奧丁即便心不甘情不願，卻還是邀請他入席的畫面。

血誓兄弟之儀式擁有如此強大的約束力，那麼它究竟是以何形式進行的呢？《吉斯拉薩迦》（Gísla saga Súrssonar）裡描述的血誓兄弟之儀式情景如下：

欲結義者首先要將兩片切成半圓形的草皮土推成拱門，將兩端固定於地面，取槍頭有波浪紋路的長槍放在中央；接著參加儀式者必須鑽進這個拱門，各自刺傷身體，讓流出來的鮮血在地面混成一片，然後對眾神宣誓，接受血誓兄弟盟誓者就會握手以示盟約達成，從此成爲血誓兄弟。此外，當時似乎還將舉行這種儀式的場地賦予某種類似於母胎的意涵；換句話說，推高的拱狀土丘象徵的便是女性性器，置於其中的長槍則是象徵著男性的性器。當然，前述方法是歷經漫長時間洗禮而已經變得相當講究的儀式了，在此以前欲成爲血誓兄弟的儀式非常單純，只消讓鮮血在地面混成一片，或者彼此將手浸在動物鮮血裡，又或者啜飲對方鮮血即可。

血誓兄弟之儀式的流程

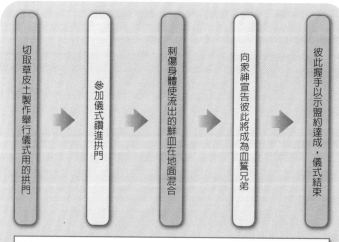

切取草皮土製作舉行儀式用的拱門　→　參加儀式鑽進拱門　→　刺傷身體使流出的鮮血在地面混合　→　向眾神宣告彼此將成為血誓兄弟　→　彼此握手以示盟約達成，儀式結束

儀式結束以後，血誓兄弟就會擁有形同真正親人，甚至比真正親人還要緊密的關係。是故，血誓兄弟間互相幫助自是不在話下，受到侮辱的時候也經常會跟真正親人同樣必須進行血之復仇

血誓兄弟儀式的舞臺

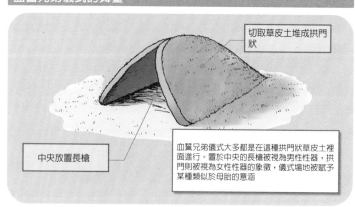

切取草皮土堆成拱門狀

中央放置長槍

血誓兄弟儀式大多都是在這種拱門狀草皮土裡面進行。置於中央的長槍被視為男性性器，拱門則被視為女性性器的象徵，儀式場地被賦予某種類似於母胎的意涵

關聯項目

◆奧丁→No.017　　　　◆洛奇→No.057

婚約儀式與婚宴

Festarmál, Brúðveizla

北歐社會的婚姻是種政治性格極強的結合。也正是因此，北歐也才會為婚姻制定各種的儀式和制度。

●如何迎娶新娘

北歐人結婚時，首先要進行的便是婚約儀式費斯塔馬爾（Festarmál）。當時婚姻的政治性非常強烈，並非光憑戀愛感情就能舉行，因此舉行婚約儀式必須詳細檢討比較雙方的地位、財力以及出身。其中尤以出身最受重視，若欲跨越身份界線結成夫妻，就必須擁有相當程度的財力和名聲才可以。其次，婚約儀式中還要提出兩人未來婚姻生活中的共同財產款項「海曼富吉亞」，提親的男性必須視其金額支付相當的聘金給新娘；另外新娘還會得到一筆叫作「慕德」（Mund）的財產，這是萬一將來變成寡婦的時候，用來保證她生活的款項。這些交涉全部都要在證人面前進行，因為當時的北歐社會無論任何事都必須要有證人和法律根據。

婚宴布魯茲維斯拉（Brúðveizla）是在籌備一至三年以後才會在新郎家的客廳舉行。新娘要穿戴美麗的服裝和首飾等寶石飾物，帶上象徵主婦身份的鑰匙串，以頭紗遮臉前往新郎家。客廳裡設置有招待雙方賓客的板凳，並於此地舉行盛大的酒宴。據《詩歌愛達》的〈斯留姆之歌〉記載，儀式是先以**索爾**之鎚為新娘除穢，然後再向傾聽男女盟誓的女神華爾獻上婚禮的祈禱。再者，新人也會向女神**福麗嘉**或豐饒神**福瑞**等眾神獻禱。婚宴順利完成後，新娘亦就此成為主婦「福斯菲依雅」（Húsfreyja）。儘管她們並沒有法律上的權限，在家庭裡卻擁有絕對的地位；有別於年老力衰以後就會漸漸失去地位的男性，這些主婦們直到死亡都極受尊重，在家庭當中擁有很大的力量。

直到婚約儀式為止的流程

婚姻在異教時代北歐的意義

・為增加政治力
・為增加財力
・為強化家族間的關係
・為調停家族間的紛爭

其結果

→ 雙方家族的身份和財力非常重要！門不當戶不對的時候，就必須以個人的名聲或財力彌補！

男方 → 提出給新娘的聘金和守寡後的生活保障金（慕德）

女方 → 由女方家庭提出將來作為結婚生活共同財產的款項

對彼此條件和其他事項達成共識

→ **婚約成立**

法律的保障

證人

婚禮儀式的主要流程

新娘打扮得漂漂亮亮前往新郎家
↓
以索爾之鎚替新娘除穢
↓
向華爾、福麗嘉、福瑞等神獻禱
↓
招待雙方家族賓客舉行宴會（持續約三天）
↓
洞房

關聯項目

◆索爾 →No.023　　　　◆福瑞 →No.042
◆福麗嘉 →No.033

死者的埋葬

異教時代北歐的埋葬方法同樣是形形色色，這些習俗對反映當時世界觀的神話世界，似乎也都造成了各種不同的影響。

●形形色色的埋葬方法

異教時代的埋葬方法相當多樣，同時也對神話造成了諸多影響。一般來說他們對死者甚為畏懼，處理死者的時候通常都很仔細小心，因為他們認為未經妥善埋葬的死者和含恨而終者將會變成怪物，招致災厄為禍眾人。

那麼，接下來就讓我們看看當時實際使用的埋葬方法。當時的埋葬方法主要分成三個種類，即火葬、土葬和船葬三種：

火葬乃是基於死者焚燒後將會蒙召歸天的信仰而行，主要用於瑞典和挪威。據說火葬的時候陪葬品愈多愈好，《挪威王列傳》裡面主神**奧丁**和**尼爾德**、屠龍者**齊格魯**等都是用這個方法埋葬的。火葬燒完以後的骨灰通常不是撒在海裡，就是裝在骨灰罈裡納入墓穴之中。

土葬則是丹麥和冰島主要的埋葬方法，死者會被埋葬在備有陪葬品的墓塚之中。他們相信墓塚中的死者會繼續活下去，而這些死者還會被奉為信仰的對象，正如同《挪威王列傳》裡的**福瑞**一般。隨著時間流逝，當大家都忘記墓塚裡葬的是誰以後，他們才被眾人視為是精靈妖精之類。

船葬則是常見於瑞典與挪威的埋葬方法，分成將整艘船漂流到海面焚燒的火葬，和將整艘船埋進地底的土葬兩種；無論前者或後者，初期的船葬使用的都是真正的船隻，不過這些真正的船卻也隨著時代而慢慢演變成排列成船隻形狀的石堆。《詩歌愛達》記載埋葬**巴多**正是這種埋葬方法。

此外，犯罪者和故意被藏匿起來的仇人屍體則並不會得到埋葬，而是會被藏匿棄置於石堆之下。

埋葬的程序

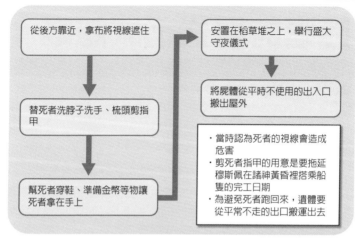

從後方靠近，拿布將視線遮住

安置在稻草堆之上，舉行盛大守夜儀式

替死者洗脖子洗手、梳頭剪指甲

將屍體從平時不使用的出入口搬出屋外

幫死者穿鞋、準備金幣等物讓死者拿在手上

・當時認為死者的視線會造成危害
・剪死者指甲的用意是要拖延穆斯佩在諸神黃昏裡搭乘船隻的完工日期
・為避免死者跑回來，遺體要從平常不走的出口搬運出去

主要的埋葬方法

火 葬

常見於瑞典與挪威的埋葬方法，乃是基於死者焚燒之後將蒙召歸天的信仰而行。《挪威王列傳》裡奧丁和尼爾德等便是採火葬

土 葬

丹麥和冰島最普遍的埋葬方法。他們相信死者會繼續活在墓塚之中，亦有許多薩迦描述盜墓者與死者搏鬥的故事。《挪威王列傳》裡福瑞便是採土葬

船 葬

船葬又分成連船埋在地底的土葬，和連船在海面焚燒的火葬兩個種類。初期使用的都是真正的船隻，後來才慢慢演變成船形的石堆。《詩歌愛達》裡的巴多便是採船葬

另外像罪犯等眾人不願與其牽上關係的死者，則大多會將其遺體藏放於石堆之下等地

吟唱詩與代稱式隱喻

調查研究北歐神話的時候，經常都會碰到吟唱詩和代稱式隱喻這兩個用語，究竟此二者是種什麼樣的概念呢？

●詩人們的複雜技法

吟唱詩是理解北歐神話時所不可或缺的關鍵要素之一。就好像北歐神話的重要文獻《史諾里愛達》，原是為年輕的吟唱詩人所創作的教科書，其關聯性有多深便不言而喻。

吟唱詩乃是在西元八世紀首次出現於北歐。《詩歌愛達》等資料所記載的固有北歐詩歌，都是沿襲自古傳統的頭韻詩（每行字首押韻的詩），詩歌形式較為單純，題材亦多是神話、英雄傳說和格言之類。另一方面，北歐人創作吟唱詩時，其形式卻是複雜到甚至還有特別的訓練課程，內容亦已經擺脫神話與傳說的範疇而及於現實，其中尤以讚美王侯的文學類型卓拉帕（Drapa）最多。初期的吟唱詩人多是以挪威人為主，可是後來卻漸漸都被冰島詩人佔據，因此當時的北歐文學便是由冰島詩人引領風潮；他們受到王侯保護，直到基督教傳入北歐以後亦不曾被廢除。

讀到這裡，讀者諸君可能會覺得吟唱詩與神話間毫無任何關係，但吟唱詩所使用的代稱式隱喻、指稱式隱喻（Heiti）技法，跟神話其實有著無法切割的關係；所謂代稱式隱喻指的是運用比喻性表現，而指稱式隱喻則是運用別名以達到隱喻效果的技法。其實這些技法原是吟唱詩人向盎格魯‧撒克遜的詩人學來的，傳入北歐後卻被運用在北歐神話的故事裡面，演變進化成為北歐特有的詩歌技法。是故，如果想要正確掌握使用這些技法，勢必要具備淵博的北歐神話相關知識。此外，受吟唱詩人影響的舊有傳統詩人，似乎也會採用代稱式隱喻和指稱式隱喻這兩種技巧。

吟唱詩的特徵與詩歌形式

吟唱詩	從八世紀起出現於北歐的詩歌形式，使用的技法比傳統詩歌還要複雜

基本上每行都是六個音節，不過也有些詩人是每行三～四個音節，八個音節的也有

吟唱詩是每八行為一連，以此為單位劃分段落。倘若詩文較長的話，連裡面每四行就可以有個中間休止，這還有在詩歌的涵意內容上，做出段落區隔的效果

●Þél høggr stórt fyr stáli
stafnkvígs á veg jafnan
út með éla meitli
andœrr jǫtunn vandar,
●中間休止
en svalbúinn selju
sverfr eirar vanr þeiri
Gestils ǫlpt með gustum
gandr of stáli ok brandi.

連

代稱式隱喻的用例

代稱式隱喻	吟唱詩所使用的隱喻法。即以比喻性的表現方式，換個說法來指稱表述某個單字

奧丁	勝利的提爾、被吊起的提爾、萬物之父、鴉神、福麗嘉的獨眼丈夫、密米爾之友、旅行的強者
索爾	奧丁與嬌德之子、希弗之夫、烏爾的岳父、阿薩神域與米德加爾德的守護者、巨人之敵、米德加爾德大蛇之敵
福瑞	尼爾德之子、菲依雅之兄、華納神、豐饒神、分派財產者
黃金	阿戈爾之火、希弗之髮、菲依雅之淚、水獺的賠償
男性(戰士)	男神之名、戰之樹、劍之樹
女性	女神之名、菩提樹、柳樹
武器	奧丁之火(劍)、葛麗德的頭盔(斧)、黑龍(槍)
防具	芬葛尼爾之足(盾)、奧丁之帽(頭盔)、貼身內衣(盔甲)

傳承北歐神話的主要資料①

北歐有兩部堪稱北歐神話之根幹亦毫不為過的愛達，而這兩部愛達
究竟又是什麼樣的書籍呢？

●史諾里愛達

　　《史諾里愛達》是十三世紀初冰島詩人史諾里・史特盧森
所著的詩學入門書。此書原本只被稱呼為《愛達》而已，但自
從北歐發現《王室抄本》以後，這部愛達才改稱《新愛達》、
《散文愛達》以區別。

　　此書乃是史諾里為年輕詩人所創作的教本，全書總共分成
三個部分，第一部〈欺騙吉魯菲〉是神話之概要，第二部〈詩
語法〉是代稱式隱喻、指稱式隱喻等詩歌創作技法的實例，而
第三部〈韻律一覽〉則是作者以自己的詩作為例，具體解說寫
作詩歌的方法。據說這部作品原本只有第三部而已，作者是為
了加深讀者對神話部分的理解才在事後另行增補第一部和第二
部的。除前述三個部分以外，《史諾里愛達》還另有〈序
文〉，然而眾人對該序文是否成於史諾里之手卻意見分歧。

●詩歌愛達

　　另一方面，世稱《詩歌愛達》、《古愛達》或《韻文愛
達》的則是部收錄了九～十三世紀間古詩的詩集。

　　1643年，冰島主教呂恩約爾弗・斯汶遜（Brynjólfur
Sveinsson）發現了一部應是《史諾里愛達》引用依據的抄本。
當時的民眾誤以為此書乃冰島學者塞蒙恩德・席格夫頌
（Sæmund Sigfusson）的作品，遂將其取名為《塞蒙恩德愛
達》。後來此抄本就被收藏在哥本哈根的皇家圖書館，因此遂
有《王室抄本》之謂，而現在所謂的《詩歌愛達》便是以其為
本、追加較類似的古詩編纂而成的作品。其內容乃由神話、英
雄詩、格言詩三者所組成，至於每首詩各自的作者或成立年代
就無從得知。

構成神話骨幹的兩部愛達

《史諾里愛達》（新愛達）／Snorri's Edda（Yunger Edda）

類別	詩學入門書
作者	史諾里‧史特盧森
成立年代	1220年前後
語言	古代冰島語

解說

中世冰島的代表性詩人史諾里‧史特盧森為有志於詩人者整理著作的教科書。以複雜的代稱式隱喻為主題，共分成其使用方法、其起源神話以及實際用例三個部分進行解說

――― 主要內容 ―――

第一部 欺騙吉魯菲／Gylfaginning

瑞典國王吉魯菲扮作旅行者甘格勒利（Gangleri）拜訪眾神的故事。作者透過眾神回答甘格勒利所提問題的過程，講述作為代稱式隱喻基礎知識的神話

第二部 詩語法／Skáldskaparmál

海神阿戈爾受邀至阿薩神域接受眾神招待，作為先前在其館邸舉辦酒宴的回禮，作者透過他向布拉基提出各種問題的問答過程，講述代稱式隱喻的實例與用法

第三部 韻律一覽／Háttatal

史諾里自身創作詩歌的解說

《詩歌愛達》（古愛達）／Poetic Edda（Elder Edda）

類別	北歐古詩集
作者	不明
成立年代	800～1100年
言語	古代冰島語

解說

十七世紀冰島發現的古詩集。其發現者冰島主教呂恩約爾弗認為此書是史諾里《愛達》的引用出處，故名。現在《詩歌愛達》的內容除當時發現的《王室抄本》二十九篇以外，還收錄有抄自其他抄本的〈巴多之夢〉、〈辛德拉之歌〉、〈里格之歌〉等內容相近的古詩

――― 主要內容 ―――

女先知的預言／Völuspá
高人的箴言／Hávamál
瓦夫特魯德尼的話語／Vafþrúðnismál
葛林尼爾的話語／Grímnismál
史基尼爾之旅／Fǫr Skírnis
哈爾巴德之歌／Hárbarðslóð
希米爾之歌／Hymiskviða

洛奇的爭論／Lokasenna
斯留姆之歌／Þrymskviða
韋蘭之歌／Vǫlundarkviða
艾爾維斯的話語／Alvíssmál
法夫尼爾的話語／Fáfnismál
希格德利法的話語／Sigrdrífumál
其他

傳承北歐神話的主要資料②

本節要介紹的是我等在認識異教時代北歐人的生活與信仰之際絕對不可遺漏的重要資料「薩迦」，究竟它是種什麼樣的文學呢？

● 北歐的特有文學「薩迦」

所謂的薩迦，是種從十二世紀後半起持續發展直至十四世紀的散文形式長篇文學。薩迦乃是承接於漸趨衰退的吟唱詩之後出現在挪威和冰島，並成為冰島的特有文學，而有極亮眼的發展。據說冰島是因為詩人輩出，而且還比挪威等他國更重視其母語，所以才培養出可供文學發展茁壯的肥沃土壤。可是十五世紀以降，北歐卻開始吸收英國、法國和德國的騎士故事，使得其獨特性愈漸稀薄、終於開始衰退。薩迦此語有「故事」的涵意，比薩迦更短的短篇則是被稱作意為「一部分」的「薩多」（þáttr）。

關於薩迦的起源眾說紛紜，最普遍說法有二：其一是世代流傳的散文故事，後來經過基督教聖職者等人之手記錄下來，其二則是後世作家根據歷史事實所進行的創作。

薩迦大致可以分成「宗教的、學問的薩迦」、「王室薩迦」、「冰島人薩迦」和「傳說的薩迦」四個類型。大多數的薩迦並無神話式的記述，主要都是以歷史事件、英雄傳說、人們的日常生活等作為題材，可是這些卻都是在研究異教時代，北歐人的信仰和生活模式時絕對不可或缺的重要資料。此外，就像歸類為「王室薩迦」的《法格斯金納》（Fagrskinna）或者筆者將在其他節介紹的《挪威王列傳》同樣，薩迦同樣也補足了不少《詩歌愛達》和《史諾里愛達》散佚殘缺的篇章。更有甚者，許多薩迦例如描述屠龍英雄齊格魯家族故事的「傳說的薩迦」——《佛爾頌薩迦》等，內容甚至還跟《詩歌愛達》相同。

較重要的薩迦作品及其分類

宗教的、學問的薩迦

解說

以記錄宗教性與學問性內容為目的的薩迦，經常被視為是記錄北歐人移民冰島和改信基督教的歷史資料

重要作品

《基督教薩迦》Kristni saga
《殖民之書》Landnámabók
《冰島人之書》Íslendingabók
其他

王室薩迦

解說

主要以九～十三世紀挪威和丹麥王族為中心進行描寫的薩迦。次節介紹的《挪威王列傳》亦屬王室薩迦

重要作品

《約姆維京薩迦》Jómsvikinga saga
《紅鬍子埃里克薩迦》Eiríks saga rauða
《格陵蘭人薩迦》Grœnlendinga saga
其他

冰島人薩迦

解說

史實與虛構交陳、描繪出冰島人生活情景的薩迦。內容甚是洗練，故其文學價值也相當高

重要作品

《埃吉爾薩迦》Egils saga Skallagrímssonar
《格雷蒂爾薩迦》Grettis saga Ásmundarsonar
《尼亞薩迦》Njáls Saga
其他

傳說的薩迦

解說

描述異教時代眾英雄英姿的薩迦。成立的年代相對來說比較新，符合歷史事實的記述也較少。亦稱「謊言薩迦」

重要作品

《佛爾頌薩迦》Völsunga Saga
《弗洛夫‧克拉奇薩迦》Hrólfr Kraki's saga
《拉格納‧洛茲布洛克薩迦》Ragars saga loðbrókar　其他

關聯項目

◆齊格魯→No.069

傳承北歐神話的主要資料③

神話史實說 是種連接神話世界與真實歷史的手法，本節所述兩部以此手法寫成的作品，便提供了許多關於北歐世界的貴重情報。

●挪威王列傳

　　《挪威王列傳》是冰島詩人史諾里‧史特盧林所著作的挪威王朝史，總共由十六篇薩迦構成。其實此書本應分類爲「王室薩迦」，卻因爲其序章〈英林加薩迦〉而成爲有別於其他薩迦資料的獨特作品。〈英林加薩迦〉乃是運用將神話寫入歷史的神話史實說手法所著，其中有許多記述可以補足《詩歌愛達》和《史諾里愛達》散佚遺失的篇章。現今等對北歐神話的相關印象諸如**阿薩神族**與**華納神族**的戰與和、**奧丁**所使用的魔法等，許多都是來自於這部資料。其次，《挪威王列傳》裡面像〈善王哈康的薩迦〉和〈聖奧拉夫王薩迦〉等有助推敲當時信仰生活的資料也不少。

●丹麥人的業績

　　另一方面，《丹麥人的業績》則是丹麥史家薩克索‧格拉瑪提庫斯（Saxo Grammaticus）以拉丁語寫成的丹麥王朝史。

　　此書與《挪威王列傳》同樣是以神話史實說的手法寫成，可說是從丹麥人的角度來看待描寫眾神的重要資料。書中不但有跟兩部愛達不同的**巴多**形象，有兩部愛達並未著墨的狩獵之神**烏爾**相關記述，而且還有兩部愛達所述神話的後談。除此以外，異教時代風俗習慣的相關記述亦爲數頗多。整部作品是由十六書所構成，神話相關記載多集中於第一書～第九書的篇幅內。

　　再者，《丹麥人的業績》還收錄有《哈姆雷特》的原型阿姆雷特（Amleth）傳說等故事，就文學面向來說，同樣也是部相當珍貴的資料。

＊神話史實說（Euhemerism）：由猶希邁羅斯（Euhemerus，約西元前330年～260年）提出的理論，他主張神話是眞人實事或野史的誇張鋪陳，是「化妝後的歷史」，凡神話出現的神祇皆上古人物，其事跡在身後被改編成誇大的奇談。

連接神話與歷史的資料

《挪威王列傳》／Heimsclingla

類型	史書
作者	史諾里‧史特盧森
成立年代	1230年前後
言語	古代冰島語

解說

冰島詩人史諾里‧史特盧森所著挪威王朝史。從神話時代的〈英林加薩迦〉，一直記載到1177的〈馬格努斯‧埃林松薩迦〉（Magnus Erlingsson's Saga）。從哈拉爾美髮王以降所記載的都是史實人物，但在此以前的諸位國王則是不詳。書中有許多《詩歌愛達》等文獻所沒有的記載

—— 主要內容 ——

英林加薩迦／
Ynglinga saga
哈夫丹黑王的薩迦／
Hálfdanar saga svarta
哈拉爾美髮王的薩迦／
Haraldar saga hárfagra
善王哈康的薩迦／
Hákonar saga Aðalsteinsfóstra

哈拉爾灰衣王的薩迦／
Haralds saga gráfeldar
奧拉夫‧特里格瓦松薩迦／
Ólafs saga Tryggvasonar
聖奧拉夫王薩迦／
Ólafs saga helga
其他

《丹麥人的業績》／Gesta Danorum

類型	史書
作者	薩克索‧格拉瑪提庫斯
成立年代	約13世紀
言語	拉丁語

解說

丹麥史家薩克索‧格拉瑪提庫斯所著之丹麥王朝史。與《挪威王列傳》同樣擁有許多兩部愛達所看不到的文字記錄。語調繁冗，非常難解

—— 主要內容 ——

第一書～第九書

描寫的是從丹王（King Dan）直到哥爾姆王（King Gorm）的異教時代。奧丁和巴多等許多神話人物都有登場，但書中僅將其視為能夠使用魔法的人類，並未將其做神明看待

第十書～第十三書

描述的是從哈拉爾碧齒王（Harald Blatand）到尼爾斯王（King Niels）的期間，對作者薩克索來說是屬於過去的時代

第十四書～第十六書

主要描述的是作者薩克索的時代

關聯項目

◆阿薩神族→No.016　　◆烏爾→No.030
◆奧丁→No.017　　◆華納神族→No.040
◆巴多→No.026

史諾里・史特盧森

Snorri Sturluson

史諾里是為後世留下愛達的偉大詩人，然而其人生卻也同樣是波瀾萬丈，絲毫不遜色於他所留下來的鉅作。

●充滿野心的大詩人

以《史諾里愛達》與《挪威王列傳》作者為世所知的史諾里・史特盧森（1178～1241）乃是冰島首屈一指的大詩人、大政治家。三歲時被父親的其中一個政敵——地方首長約翰・洛皮松（Jon Loptsson）收養，在冰島的奧迪（Oddi）撫養長大。約翰是冰島大學者塞蒙恩德（Sæmund）之孫，相傳在他治理之下的奧迪當時已經是冰島的文化中心。後來史諾里得以成為大鳴大放的偉大詩人，當年在這裡的生活可謂影響頗鉅。

1202年，史諾里移居至首任妻子的老家，卻因為財產問題而與妻子分居。其後史諾里改以教會管理者身份，在冰島首都雷恰霍爾特（Reykjaholt）嶄露頭角，甚至還登上冰島的最高權力者「法的宣言者」之地位。1218年，史諾里渡海前往挪威，在挪威國王哈康四世（Hoakon IV）的強迫之下承諾協助將冰島納入版圖。當然史諾里壓根就沒想過要遵守這個承諾，他所關心的始終只是如何擴大自己的領地、如何維持冰島獨立而已。史諾里是位優秀到曾經兩度被選為冰島最高權力者「法的宣言者」的人物，可惜他對財產太過執著，以致在家族中樹敵太多。

1237年，史諾里因財產問題而與姪子反目成仇，並且敗下陣來，因此被遣送至挪威，但是挪威國王卻已經對並未遵守承諾的史諾里失去了信任。即便如此，國王仍舊想將史諾里留在麾下，但史諾里卻在得知姪子戰死的消息後再度離開了挪威，企圖要收復失地。此舉終於觸怒了國王，1241年，史諾里便在雷恰霍爾特的自宅死於國王所遣豪族吉札爾（Gissur Þorvaldsson）之手。他的一生正可謂是波瀾萬丈，絲毫不遜色於其著作。

史諾里 · 史特盧森的生涯

史諾里 · 史特盧森（1178～1241）

冰島屈指的大詩人、大政治家。
以《愛達》、《挪威王列傳》作者
為人所知。
他充滿野心而且政治手腕高明，卻
因欲望深重、缺乏信用以致遭族人
背叛，最終丟掉性命。

1178年	生為冰島西區最大當權者斯多拉·索達森（Sturla Þórðarson）幺子
1181年	被父親的政敵奧迪的首長約翰·洛皮松收養
1199年	在兄長索爾多等人的作媒牽線下，與伯格的資產家貝西之女赫狄絲結婚
1202年	趁妻子赫狄絲繼承父親貝西遺產之際移居伯格
1206年	因為覬覦財產而與妻子娘家關係愈趨惡化，以致分居。移居雷恰霍爾特
1215年	獲選為冰島的最高權力者「法的宣言者」
1218年	結束「法的宣言者」任期，造訪挪威。受哈康四世及其監護人斯庫勒伯爵（Duke Skule）款待
1220年	哈康四世決定派遣船團前往冰島。史諾里謊稱要協助國王、返回冰島
1222年	第二度獲選為「法的宣言者」。一般認為史諾里便是從這個時候開始執筆著作《愛達》
1237年	與哈康四世新選定的協助者——姪子斯多拉（Sturla）交戰。史諾里被擒、遭送至挪威
1238年	史諾里的兄長席格瓦（Sighvatr）與姪子斯多拉戰死。返回冰島企圖收復失地
1240年	哈康四世派遣豪族吉札爾命史諾里返回挪威，卻告失敗
1241年	吉札爾捲入史諾里妻子遺產繼承問題、再度襲擊，史諾里遭殺害

專有名詞原文對照及索引

【一～五劃】

【六～十劃】

参考文献一覧

HEIMSKRINGLA or The Lives of the Norse Kings　Snorre Sturlason　DOVER
　　PUBLICATIONS
THE POETIC EDDA　OXFORD WORLD'S CLASSICS
The Haustlong of Thjodolf of Hvin　Richard North　Hisarlik Press
エッダ 古代北欧歌謡集　谷口幸男著　新潮社
世界文学大系66　中世文学集　筑摩書房
巫女の予言 エッダ詩校訂本　シーグルズル・ノルダン著／菅原邦城訳　東海大
　　学出版会
デンマーク人の事績　サクソ・グラマティクス著／谷口幸男訳　東海大学出版会
アイスランドサガ　谷口幸男訳　新潮社
スールの子ギースリの物語 アイスランドサガ　大塚光子訳　三省堂
赤毛のエリク記 古代北欧サガ集　山室静著　冬樹社
サガ選集　日本アイスランド学会編訳 東海大学出版会
ゲルマーニア　タキトゥス著　泉井久之助訳注　岩波書店
Truth In Fantasy 6 虚空の神々　健部伸明と怪兵隊著　新紀元社
エッダとサガ 北欧古典への案内　谷口幸男著　新潮社
ジークフリート伝説 ワーグナー『指輪』の源流　石川栄作著　講談社
スカンジナビヤ伝承文学の研究　松下正雄著　講談社
ユリイカ 詩と評論 1980年3月号 特集:北欧神話　青土社
神話学入門　ステブリン=カーメンスキイ著　菅原邦城／坂内徳明訳 東海大学出
　　版会
世界の神話101　吉田敦彦編　新潮社
古代北欧の宗教と神話　フォルケ・ストレム著　菅原邦城訳　人文書院
総解説 世界の宗教と経典　自由国民社
総解説 世界の神話伝説　自由国民社
増補改訂版 世界の神々と神話の謎　学習研究社
北欧神話　H・R・エリス・デイヴィッドソン著　米原まり子／一井知子訳　青土社
北欧神話　菅原邦城著　東京書籍
北欧神話と伝説　ヴィルヘルム著　山室静訳　新潮社
北欧神話と傳説　松村武雄著　大洋社出版部
北欧の神々と妖精たち　山室静著　岩崎美術社
北欧神話口承　植田敏郎著　鷺の宮書房
北欧神話物語　キーヴィン・クロスリイ=ホランド著　山室静／米原まり子訳
　　青土社
歴史読本ワールド 1993年11月号 特集:世界の神話伝説　新人物往来社
ヴァイキング 海の王とその神話　イヴ・コア著　久保実訳　創元社
ヴァイキング 世界史を変えた海の戦士　荒正人著　中央公論社
ヴァイキング・サガ　ルードルフ・プェルトナー著　木村寿夫訳　法政大学出版局
ヴァイキング　ヨハネス・ブレンステッブ著　荒川明久／牧野正憲訳　人文書院
ヴァイキングの世界　谷口幸男著　新潮社
ヴァイキングの暮らしと文化　レジス・ボワイエ著　熊野聰監修　持田智子訳
　　白水社
サガの社会史 中世アイスランドの自由国家
　J・L・バイヨック著　柴田忠作／井上智之訳　東海大学出版会

岩波講座世界歴史12 遭遇と発見—異文化への視野　樺山紘一ほか編　岩波書店
図説世界文化地理大百科 ヴァイキングの世界
　コーリン・ベイティほか著　熊野聰監修　朝倉書店
図説ヴァイキングの歴史　B・アルムグレン編　蔵持不三也訳　原書房
厨川文夫著作集 上巻「中世英文学史」　厨川文夫著　安東伸介ほか編　金星堂
世界の博物館14　スウェーデン・デンマーク野外歴史博物館　講談社
船の歴史事典　アティリオ・ククーリ／エンツォ・アンジェルッチ著　堀元美訳
　　原書房
大英博物館双書 失われた文字を読む7 ルーン文字
　レイ・ページ著　矢島文夫監修　菅原邦城訳　學藝書林
北欧初期社会の研究　熊野聰著　未来社
北欧文学の世界　山室静著　東海大学出版会
北欧文学史　フレデリック・デュラン著　毛利三彌／尾崎和郎訳　白水社
世界の民話3　北欧　櫛田照夫訳／小沢俊夫編　ぎょうせい

大阪外国語大学学報29号「スノッリの『エッダ』序文にみられる異教神話観」　菅
　　原邦城著
大阪外国語大学学報41号「ソルリの話 ヘジンとホグニのサガ」　菅原邦城訳
大阪外国語大学学報73号「〈フレイ神ゴジ〉フラヴンケルのサガ（改訳・その1）」
　　菅原邦城訳
大阪外国語大学学報74号「〈フレイ神ゴジ〉フラヴンケルのサガ（改訳・その2）」
　　菅原邦城訳
世界口承文芸研究8号「ノルナ＝ゲストのサガ」　菅原邦城訳
広島大学文学部紀要32号 ゲルマン人の葬制と死の観念　谷口幸男著
広島大学文学部紀要30号特輯号1 ルーネ文学研究序説　谷口幸男著
広島大学文学部紀要32号特輯号3 スノリ『エッダ』「詩語法」訳注　谷口幸男著
日本アイスランド学会学報14号 中世ノルウェーの「王のサガ」とフェーデ『ヘイム
　　スクリングラ』をめぐるナショナリズムの問題　阪西紀子著

Poetic Edda　アイスランド語表記
http://www.cybersamurai.net/Mythology/nordic_gods/LegendsSagas/Edda/PoeticEdda/

Snorra Edda　アイスランド語表記
http://www.islandese.net/Edda-Snorra/Edda_Snorra_01.pdf
http://www.islandese.net/Edda-Snorra/Edda_Snorra_02.pdf
http://www.islandese.net/Edda-Snorra/Edda_Snorra_03.pdf

譯者參考書目

《北歐神話故事》／白蓮欣編著／好讀出版／2003
《北歐神話故事》／程義譯著／星光出版社／1984
《聖劍傳說》／佐藤俊之、F.E.A.R.著／魏煜奇譯／奇幻基地／2005
《魔導具事典》／山北篤監修／黃牧仁、林哲逸、魏煜奇譯／奇幻基地／2005
《西洋神名事典》／山北篤監修／鄭銘得譯／奇幻基地／2004
《魔法・幻想百科》／山北篤監修／王書銘、高胤喨譯／奇幻基地／2006
《魔法的十五堂課》／山北篤著／王書銘譯／奇幻基地／2005

國家圖書館出版品預行編目資料

圖解北歐神話／池上良太著；王書銘譯. -- 初版. – 台北市：
奇幻基地，城邦文化出版：家庭傳媒城邦分公司發行；2011
（民100.05）
面；　　公分. -- (F-Maps：008)

ISBN 978-986-6275-37-1（平裝）

1. 神話　2. 北歐

284.7　　　　　　　　　　　　　　　　　　　10009036

城邦讀書花園
www.cite.com.tw

F-Maps 008

圖解北歐神話

原著書名／図解北欧神話
作　　者／池上良太　　　　　　　企劃選書人／楊秀眞
譯　　者／王書銘　　　　　　　　責任編輯／王雪莉

行銷企劃／周丹蘋
業務企劃／林非影
業務經理／李振東
總　編　輯／楊秀眞
發　行　人／何飛鵬
法律顧問／台英國際商務法律事務所羅明通律師
出　　版／奇幻基地出版
　　　　　城邦文化事業股份有限公司
　　　　　台北市104民生東路2段141號8樓
　　　　　電話：(02)25007008　傳眞：(02)25027676
　　　　　網址：www.ffoundation.com.tw
　　　　　e-mail：ffoundation@cite.com.tw
發　　行／英屬蓋曼群島商家庭傳媒股份有限公司城邦分公司
　　　　　聯絡地址：台北市104民生東路2段141號11樓
　　　　　書虫客服服務專線：02-25007718；25007719
　　　　　24小時傳眞專線：02-25001990；25001991
　　　　　服務時間：週一至週五上午09:30-12:00；下午13:30-17:00
　　　　　劃撥帳號：19863813；戶名：書虫股份有限公司
　　　　　讀者服務信箱：service@readingclub.com.tw
　　　　　歡迎光臨城邦讀書花園 網址：www.cite.com.tw
香港發行所／城邦（香港）出版集團有限公司
　　　　　香港灣仔駱克道193號東超商業中心1樓
　　　　　電話：(852) 2508-6231　傳眞：(852) 2578-9337
　　　　　e-mail：hkcite@biznetvigator.com
馬新發行所／城邦（馬新）出版集團【Cite(M)Sdn. Bhd.(458372U)】
　　　　　11, Jalan 30D/146, Desa Tasik, Sungai Besi, 57000 Kuala Lumpur, Malaysia.
　　　　　電話：603-9056-3833　傳眞：603-9056-2833

插畫設計／AK
封面設計／黃聖文
排　　版／浩瀚電腦排版股份有限公司
印　　刷／高典印刷有限公司

■2011年（民100）5月31日初版　　　　　　Printed in Taiwan.
■2023年（民112）8月16日初版5.5刷

售價／330元

ZUKAI HOKUO SHINWA by IKEGAMI Ryota
Copyright © 2007 IKEGAMI Ryota
Illustrations © 2007 FUKUCHI Takako
Originally published in Japan by Shinkigensha, Tokyo.
Chinese (in complex character only) translation rights arranged with Shinkigensha, Japan
through THE SAKAI AGENCY.
Complex Chinese translation copyright © 2011 by Fantasy Foundation Publication, a
division of Cité Publishing Ltd.
All Right Reserved.

著作權所有・翻印必究
ISBN 978-986-6275-37-1
奇幻基地部落格　http://ffoundation.pixnet.net/blog

104台北市民生東路二段141號11樓

英屬蓋曼群島商家庭傳媒股份有限公司城邦分公司 收

請沿虛線對摺，謝謝

奇幻基地

每個人都有一本奇幻文學的啟蒙書

奇幻基地部落格： http://ffoundation.pixnet.net/blog

號：1HP008　　　書名：圖解北歐神話

奇幻基地

讀者回函卡

謝謝您購買我們出版的書籍！我們誠摯希望能分享您對本書的看法。請將您的書評寫於下方稿紙中（100字為限），寄回本社。本社保留刊登權利。一經使用（網站、文宣），將致贈您一份精美小禮。

姓名：_____ 性別：□男 □女

生日：西元_____年_____月_____日

地址：_____

聯絡電話：_____ 傳真：_____

E-mail：_____

您是否曾買過本作者的作品呢？□是 書名：_____ □否

您是否為奇幻基地網站會員？□是 □否（歡迎至http://www.ffoundation.com.tw免費加入